み言葉に生かされ

辻 哲子

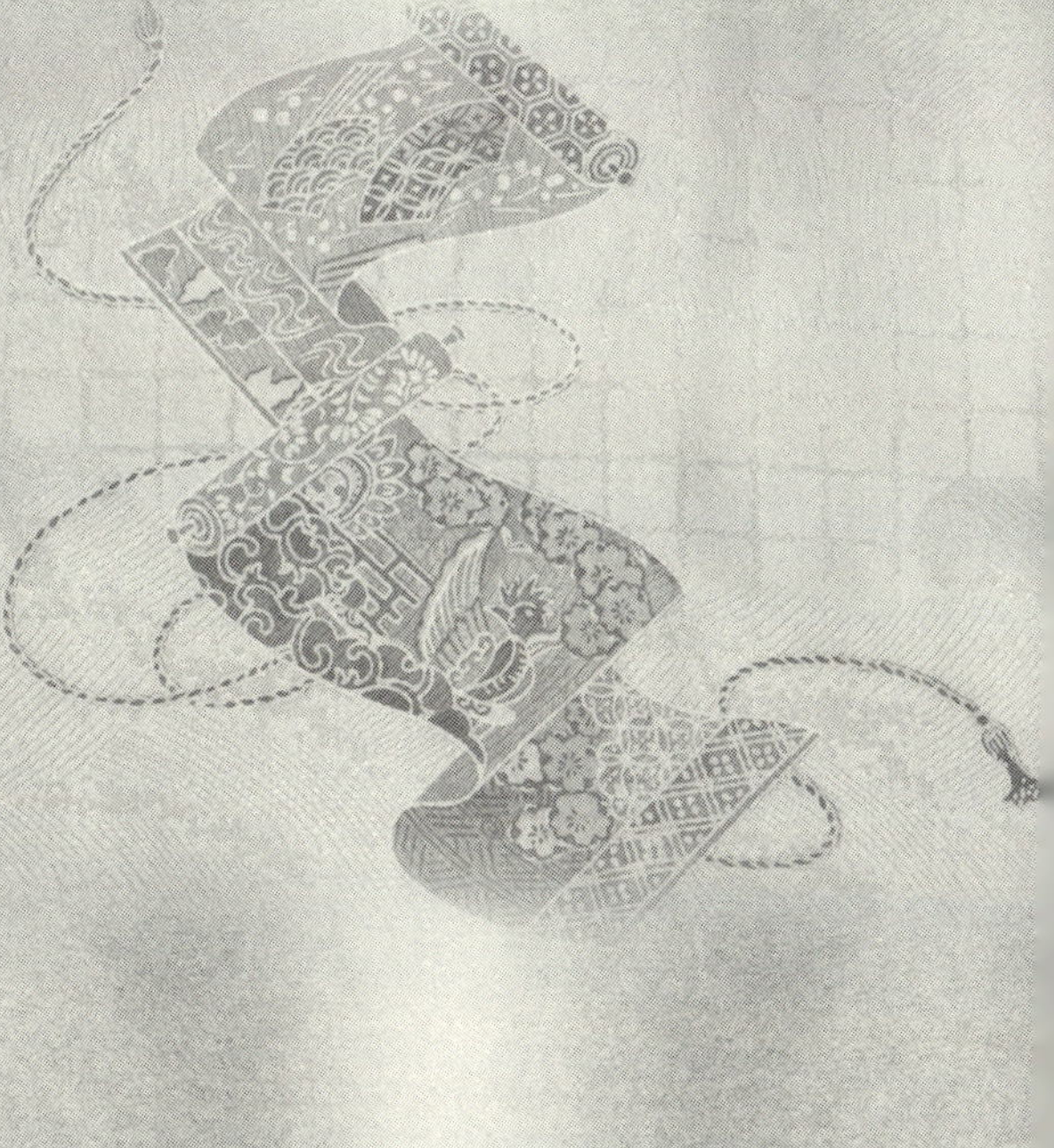

日本アライアンス教団 千葉キリスト教会［発行］

YOBEL,Inc.

はじめに

日本アライアンス教団千葉キリスト教会牧師
山中　正雄

若き日に牧師として召され、高齢に達するまでキリストと教会に仕え続けている女性教職がいます。この書の著者・辻哲子氏です。日本キリスト教団牧師として夫・宣道氏（故人）と共に焼津教会、静岡草深教会で牧会伝道に従事し、全国教会婦人会連合中央委員長、正典研究委員会・講師なども務め、同教団の混乱期に教会の秩序と神学的な方向性を示す重要な役割を果たしてきました。二〇〇一年四月隠退後は娘たちや孫たちと当教会で礼拝生活を共にし、説教や奏楽などの務めも担い、誠実に教会に仕えています。加齢に伴う肉体の衰えと向き合いながら、教派を超えてエネルギッシュな奉仕に励む姿に、周りの人々から驚嘆の眼差しが注がれています。

日本アライアンス教団理事会の命を受け、私は妻ゆりかとともに、千葉市で一戸建借家を開放し一九八四年に開拓伝道を始めました。当初、十名にも満たない会衆に何を語り、いかに信仰者を育て、どのような教会を形成するべきか、駆け出しの若い牧師はしばしば悩みました。ゆりかの両親である辻牧師夫妻はその苦悩を受けとめ、的確な助言を与えてくれました。とりわけ開拓伝道から四年目（一九八七年）に会堂建築がなされた際には教派の違いを超え、物心両面で支えてくれた事実を忘れることができません。

さらに千葉キリスト教会は二〇一五年に第二回の会堂建築がなされ、未定型で流動的な段階から、信仰的に成熟した段階へ進む途上にあります。こうした転換期に当たり、教会の働きを陰に陽に支えてくれた辻哲子氏に感謝を表し、米寿を祝う企画がなされました。それが本書の出版です。

この書には、すでに出版されている論文に新しい説教・講演や俳句なども追加され、著者の信仰・生きざまが鮮明に記されています。教会形成の根幹にかかわる聖書論、説教録だけでなく、高齢化に伴う現実的な牧会上の課題が聖書を土台として正面から論じられています。読者は幅広いテーマについて深く考えさせられ、多くのことを学びとることでしょう。辻哲子氏のさらなる活躍を願うとともに、本書が伝道文書としても用いられ、キリストの救いと慰めが多くの人々に与えられるよう祈るものです。

二〇一七年晩秋

み言葉に生かされ

目次

講　演

本文カット　磯村二葉／装丁　ロゴスデザイン：長尾　優

著作

命のある限り、恵みと慈しみはいつもわたしを追う
――高齢者の生きがいを求めて――

聖書は人間の死についてどのように教えているか

聖書的説教を志向しながら

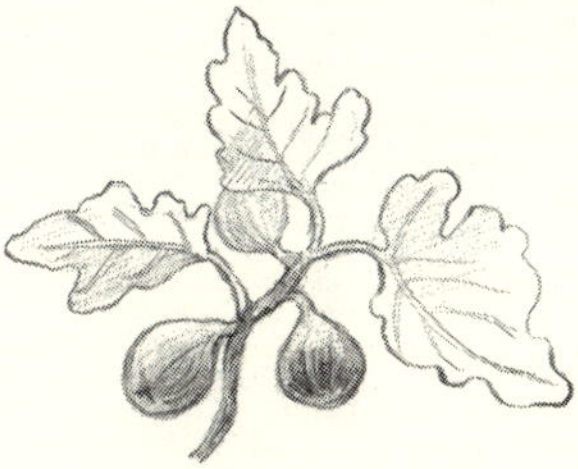

命のある限り、恵みと慈しみはいつもわたしを追う

――高齢者の生きがいを求めて――

1 キリストの勝利の行進

コリントの信徒への手紙二2章14～16節

神に感謝します。神は、わたしたちをいつもキリストの勝利の行進に連ならせ、わたしたちを通じて至るところに、キリストを知るという知識の香りを漂わせてくださいます。（14節）

私たちは、これまでの人生を顧みると感謝の気持ちで満たされることもあれば、後悔して悩むこともあります。

聖書は「神に感謝します。神は、わたしたちをいつもキリストの勝利の行進に連ならせ」とあります。では、「いつもキリストの勝利の行進に連ならせ」とはどういうことでしょうか。

当時、パウロがこの手紙を書いたころのコリントはローマ帝国の支配下にありました。勝利の行進というとローマ軍の凱旋《がいせん》行進を彷彿《ほうふつ》とさせます。映画『ベン・ハー』や『クレオパトラ』には壮大な凱旋行進の場面がありました。威風堂々としたローマの軍、議員、兵士に続き、後方には戦利品、敗戦国の捕虜たちが鎖につながれて見せ物となって歩く姿でした。

「キリストの勝利の行進に連なる」とは戦勝国の将軍のように功績を誇りながら行進することなのでしょうか。コリントの信徒への手紙一　4章9節にはまったく正反対の姿が書かれています。「考えてみると、神はわたしたち使徒を、まるで死刑囚のように最後に引き出される者となさいました。わたしたちは世界中に、天使にも人にも、見せ物となったからです」。

　ここでは凱旋将軍ではなく、むしろキリストの強い御手に捕らえられた囚人として行進に連なっている姿です。なぜなら、パウロは「人は律法の実行ではなく、ただイエス・キリストへの信仰によって義とされると知って」（ガラテヤ2・15〜21）キリストの十字架と復活の福音に屈服させられたからです。そして勝利者キリストの福音の力に引き回されるように町々村々へ伝道しました。したがってキリストのみが勝利者であります。パウロや私たちは囚人に過ぎず、ただ凱旋に加わるということだけで意味があるのです。

「勝利の行進に連なる」とは「公に示す。知らせる」という意味があります。そのことから、私たちがキリストの教会に連なることは、罪と死から勝利したキリストを公に知らせることになるのです。

たとえ人生に失敗したと思っている者も、そうでない者もそのこと自体はさして問題ではなく、キリストの勝利の行進である教会に連なり続けることが大切なのです。

　今日、教会は教勢が低迷しています。将来に対する不安もあるでしょう。しかし、キリストを頭とする教会は、神の御手の中で勝利の行進を続けているとともに「わたしたちを通じて至るところに、キリストを知るという知識の香りを漂わせてくださいます」(14節)。では「キリストを知るという知識の香り」とは何なのでしょう。それはキリストの愛と救いを知る者の香りです。神は、私たちをキリストの教会に連ならせるだけでなく、福音のかぐわしさを広めるためにお用いになります。キリストを知る知識の香りは、聖霊の実です。

「愛であり、喜び、平和、寛容、親切、善意、誠実、柔和、節制」(ガラテヤ5・22〜23)です。「良い香り」はギリシア語で「ユーオーディア」です。志のあるキリスト者の音楽家たちは「最高のキリストの香り」を人々に届けたく一九八二年に「ユーオーディア・アンサンブル」を結成しました。全国各地において演奏と証しを通してキリストの香りを漂わせております。

時おり「あの人はクリスチャンくさくていやだ」という声を聞きます。人の評価はともかくとして、もし私たちが悪臭を放っているとしたら、どういう時なのでしょうか。それは自分の長年の体験、知識、業績などを長々と披露することから起こるのではないでしょうか。〈キリストによって神に献《ささ》げられる良い香り〉(15節)であるキリストの十字架の前に砕かれていないため悔い改めを失っている場合に起こります。

それとは反対にかぐわしい香りを放つ年配者を見かけます。その方たちの共通点は、説教を真剣に聴いていることです。おそらく長い教会生活の中で同じテキストによる説教を何回も聴いてきたでしょう。ところが「いま、ここに、新たに」神の言葉を聴いているのです。たとえ主日礼拝に出席できない状態になっても、教会に連なり続ける者は〈命から命に至らせる香り〉(16節) を神は漂わせてくださるのです。時おり、敗北感に襲われることがありましても、神はいつもどんな時も、私たちをキリストの勝利の行進に連ならせてくださいます。

2　あなたがたの目は幸いだ

マタイによる福音書13章14～17節

しかし、あなたがたの目は見ているから幸いだ。
あなたがたの耳は聞いているから幸いだ。（16節）

「一寸先は闇《やみ》」というこの世は何が起こるかわかりません。特に金融危機の今日は、世情不安な毎日です。そのような中、幸いにも御言葉の種は私たちの心に蒔《ま》かれて、信仰を持ちました。

主イエスは、種を蒔く人のたとえをもって信仰について四種類の蒔かれた種にたとえます。ある方は、信仰の根の浅い日本の教会の様子を「石地である」と嘆きました。はたしてそうなのでしょうか。思えばイスラエルは、神がお選びになった良い地であり、良いぶどうが実るのを期待されたにもかかわらず、酸っぱいぶどうを実らせました（イザヤ書5章）。そのことから御言葉を受け入れるか受け入れないかによって、良い地にもなれば、石地にもなることがわかります。

主イエスは、イザヤの預言を引用されて「あなたたちは聞くには聞くが、決して理解せず、見るには見るが、決して認めない」（14節）と言われます。イスラエルはすでに神の働きを目の前で見てきたにもかかわらず、神の言葉を正しく受け入れようとしませんでした。

さらに「この民の心は鈍り、耳は遠くなり、目は閉じてしまった……心で理解せず、悔い改めない」（15節）と主イエスは語ります。では〈目で見る、耳で聞く、心で理解する〉とはどういうことなのでしょうか。それは信仰です。信仰によりはじめて主なる神の恵みの御業が見えてきます。聖霊の働きにより、十字架と復活の救いの恵みを理解できるようになります。

ところが見えるものに頼り、自分の力にこだわり、自分の罪に気づかないでいるならば、石地の心のままです。年齢を重ねると、自分の経験や知識にこだわり頑固になる場合があります。頑固な人はどこか自分中心です。自分中心の信仰は、御言葉の種が蒔かれても根がないので、病気や不自由な体になると感謝が失《う》せてきます。愚痴《ぐち》っぽくもなります。〈根のない〉ということは、表面的には見えません。根は隠れた部分だからです。したがって若い時は生き生きと教会生活をしていたが、高齢期を迎えて信仰の喜びがなくなっているならば、根の部分が育っていなかったのかもしれません。その反対に思わぬ困難な状況に遭遇しても、寝たきりになっても、キリストの体なる教会につらなる幸せを持ち続けている方もおられます。

外側からはわからない根の部分をしっかりと張る信仰の養分を、日ごろから供給しておく必要があるのではないでしょうか。これは今からでも遅くありません。養分は、言うまでもなく御言葉と聖霊です。主日礼拝の説教、祈祷会の聖書研究、祈りの交わりは私たちを養います。同時に聖書を〈信仰と生活との誤りなき規範〉として自《みずか》ら読むことが大切です。それは人間中心、自分中心の私たちには容易なことではありませんが、神中心に聖書それ自体が語ることをまず聞くことです。

「しかし、あなたがたの目は見ているから幸いだ。あなたがたの耳は聞いているから幸いだ」（16節）と主イエスは私たちに言われます。聖書からその〈幸い〉をすなわち福音を聞くことができます。さらに「多くの預言者や正しい人たちは、あなたがたが見ているものを見たかったが、見ることができず、あなたがたが聞いているものを聞きたかったが、聞けなかったのである」（17節）とも。

預言者や正しい人たちは、救い主と神の国の到来をどんなに切望したかわかりません。その成就を見たかったに違いありません。それを今の私たちは、主イエス・キリストに出会い、その特権に与《あずか》っています。私たちは特別に秀でた資格や霊的なものを持っているわけではありません。しかし律法と預言の成就者であるキリストの福音を聞き、信じる心が与えられました。

それればかりでなく〈聖霊によりて、神につき、救いにつきて、全《まった》き知識を我らに与ふる〉聖書正典から福音の全内容を見ることができます。それも聖書を私たちは各自が所有し日本語でいつも読めます。至福な時が用意されています。

「あなたがたの目は見ているから幸いだ」

この〈幸い〉を聖書を読むたびに示されて、厳しい状況下にも挫《くじ》けない信仰の根を張っていけますように。聖霊の導きを仰ぎましょう。

3 苦しむことも恵みとして

フィリピの信徒への手紙1章29節

つまり、あなたがたには、キリストを信じることだけでなく、キリストのために苦しむことも、恵みとして与えられているのです。（29節）

信仰を持つと幸せになり、苦しみから解放される。そのように思う者には、この御言葉はショッキングな言葉に映るかもしれません。私たちはできるなら苦しみは避けたいと常日ごろ思っているからです。

ことに老年期に入りますと、月を追うごとに健康を損ね不自由な体になってまいります。愛する者との別れも経験し、苦しみは増すばかり。能力、体力の衰えに伴う弱さから、自分の世界に閉じこもることも多くなっていきます。

近年、日本の自殺者の総数の中で、中高年の割合が全体の六割を占めているということです。この一〇年間、毎年三万人以上の人々が自《みずか》ら命を絶つという過酷な状況にあります。誰もがいつ失業し、住居を失い、病気にかかり、苦境に立たされるかわかりません。

その中でキリスト者は、キリストを信じる信仰を恵みとして、また賜物《たまもの》として神から賜《たまわ》りました（エフェソ2・8）。しかし、聖書は「キリストを信じることだけでなく」と語ります。〈信仰だけ〉ではいけないのでしょうか。

「キリストを信じる」ということは単なる信念、確信、精進、まして御利益信仰とは違うからです。「キリストを信じる」ことは、主の十字架の苦難と復活と結びついています。

キリストの苦難は、「（主が）地上に生きていた時はいつでも、ことに生涯の終わりにおいて、その肉体にも魂にも、全人類の罪に対する神の怒りを身と魂をもって担い――その苦難によって私たちの身と魂とを、永遠の刑罰から救い出し、私たちのために神の恵みと義と永遠の生命とを得させる」（ハイデルベルク信仰問答三七）ためのものだからです。

したがってキリストのために苦しむことは、まず自分の罪に苦しむことではないでしょうか。もし信仰生活に苦しみがないというなら、問題です。私たちは、福音にふさわしく生きようとして知る苦しみがあります。自らの弱さと向きあうばかりでなく、暗闇《くらやみ》の世界との苦しい戦いがあります。特に現代の日本の福音を受け入れない冷めきった人びとの中に、私たちは主の証し人として遣わされています。

今日、少子高齢社会により、〈教会は生きのびることができるか〉と過疎地の教会は深刻な問題を突きつけられています。その中で、教会のために熱心に祈り、賜物《たまもの》を献《ささ》げて伝道牧会に日夜苦闘している教師と信徒が全国各地におられます。また、心身共に苦境にいる人たちと悩みを共有し、共に生きようと支えあっている人たちもいます。

皆、キリストのために苦しむことを恵みとして受け止めているからなのでしょうか。愛する人のためならば苦労をも惜しまぬように、キリストの愛に突き動かされているから長続きするのでしょうか、意味ある戦いを続けています。

ある時、私は二重、三重の苦しみを味わいました。なぜ、この事が起こったのか。なぜ自分ばかり悩まねばならないのか。その起因を探り、自分を責め、他を責めました。そこからは何も解決策は生まれません。しかし「なぜ苦しむのか」ではなく、「何のために」

苦しむのかと問い、「キリストのために」「キリストが崇《あが》められるために」苦しむことを知った時に、その問題を方向転換して見ることができるようになりました。

その苦しみから、自分の不信仰、人への無理解、傲慢《ごうまん》の罪に気づかされました。さらに大きな恵みが用意されていることを知りました。晴天の霹靂《へきれき》の苦しみにもかかわらず「キリストのために苦しむことも、恵みとして与えられている」のです。恵みとして与えられている苦しみは神信頼を深めます。前向きに戦う力を与えます。暗いトンネルの中で訓練を受けます。貧困、病気、老化、人間関係の苦しみは苦しみそのものです。それでも、キリストに結ばれているならその苦しみは、新しい意味を持つのです。

「あなたがたには世で苦難がある。しかし、勇気を出しなさい。わたしは既《すで》に世に勝っている」（ヨハネ16・33）

信仰の喜びと共に、主の苦しみにあずかりましょう。勝利の主に支えられているのですから、勇気を出して信仰のよき戦いを続けたいと思います。

4　ピスガに立ちて

申命記34章1〜12節

これがあなたの子孫に与えるとわたしがアブラハム、イサク、ヤコブに誓った土地である。わたしはあなたがそれを自分の目で見るようにした。あなたはしかし、そこに渡って行くことはできない。（4節）

モーセは、なぜカナンの約束の地に入ることができなかったのでしょう。

「イスラエルには、再びモーセのような預言者は現れなかった」（10節）とあるように、モーセは比類のない優れた指導者であったことは否めません。しかし、約束の地が見渡せるピスガの山頂に登った時、主は、モーセに言われました。「これがあなたの子孫に与えるとわたしがアブラハム、イサク、ヤコブに誓った土地である。わたしはあなたがそれを自分の目で見るようにした。あなたはしかし、そこに渡って行くことはできない」（4節）。

モーセはエジプト脱出、荒れ野の四〇年を指導者として乗り越え、約束の地を目前に、神から入国を許されませんでした。その理由として聖書は二つの事柄を述べています。

一つは、出エジプト遂行後の約束の地への入国は、モーセの仕事、役割ではなかったということです。申命記の終わりに「主が顔と顔を合わせて彼を選び出されたのは、彼をエジプトの国に遣わして、ファラオとそのすべての家臣および全土に対してあらゆるしると奇跡を行わせるためであり、……全イスラエルの目の前で、あらゆる力ある業……を示すためであった」（10〜12節）とモーセの生涯を締めくくっています。すなわちモーセの使命は、ひたすら〈主の強い手〉を示し、主の〈過ぎ越し〉による出エジプト、紅海渡渉、マナの養い、契約の主の力ある業を明示するための仕事、役割でした。

次にモーセがカナン入国を許されない理由として民数記20章ツィンの荒れ野での出来事があげられます。飲み水のないイスラエルの民は徒党を組んでモーセに逆らったのです。

主はモーセに「岩に向かって、水を出せと命じなさい」(8節)と言われました。しかし、モーセは「反逆する者らよ、聞け」と言い、杖《つえ》で二度打って水を出しました。その時、主はその行為をとがめ「あなたたちはわたしを信じることをせず、イスラエルの人々の前に、わたしの聖なることを示さなかった。それゆえ、あなたたちはこの会衆を、わたしが彼らに与える土地に導き入れることはできない」(12節)と審《さば》きの言葉を語られました。

「聖なることを示さない」とはどういうことなのでしょうか。ある聖書学者は次のように解説します。かつてシンの荒れ野で、水に渇いていたイスラエルの会衆の訴えを聞いたモーセは、「岩を打て」の主の言葉どおりに水を出すことができました(出エジプト記17章)。その過去の経験に基づいて「岩に命じて水を出させなさい」という言葉にも拘《かかわ》らずその命令に忠実に従わず、杖で岩を二度打ったことが致命的なことになりました。すなわちその過去の経験を拠《よ》りどころにした惰性によることが、不信仰として指摘されていることです。しかも主に対する不信は、〈神の聖〉をおおいかくすほどの重大事であることを指導者に示しました(民数記27・14)。この出来事を通して、神の聖を示すとは、今ここでその都度の現在的聴従において神を仰ぎ、神に従うことであるとわかります。

ところがモーセは入国をあきらめきれず主に祈ります。「どうか、わたしにも渡って行かせ、ヨルダン川の向こうの良い土地……を見せてください」。しかし主は聞こうとされず「この事を二度と口にしてはならない。ピスガの頂上に登り、東西南北を見渡すのだ。……ヨシュアを任務に就け、彼を力づけ、励ましなさい」（申命記3・25〜28）。主はモーセに最後の仕事をお命じになりました。

七月になると、私は夫・辻宣道牧師の死を思い出します。静岡草深教会に就任して四〇年。新会堂完成を目前に召されました。その姿はピスガに立つモーセと重なるのです。

神がなぜ会堂建築の一大事業の途中で彼を召したのか、その深い御心を計り知ることはできません。しかしモーセが荒れ野の旅において唯一の神のみを拝み、御言葉に聴き従う信仰共同体をつくるという役割を果たしたように、辻牧師もその役割を果たしたことを知ります。またその死を通して「キリストのみが崇《あが》められる教会」「神の聖なることを表す教会」を神から求められていることを覚えます。

「ピスガに立ちて」そのままお召しになる神の御旨を仰ぎ、私たちも自《みずか》らの役割を覚え、〈神の聖〉を犯すことのないように御言葉に日々注意深く聴いて参りましょう。

5　すべての人との平和

ヘブライ人への手紙12章12～14節

すべての人との平和を、また聖なる生活を追い求めなさい。（14節）

八月は「すべての人との平和」を考えてみたいと思います。一九四五年八月十五日に第二次世界大戦が終わるまで、日本は日清戦争（一八九四年）以来五〇年間、富国強兵の精神をもって戦争の時代を過ごしてきました。特に日中戦争（一九三七年）からの九年間は、侵略戦争の泥沼に私たちの国はのめり込んでいきました。

「あの戦争は何だったのか」戦後六四年たった今も消えない疑問と傷跡《きずあと》を残しています。私が小学校一年の時に、日中戦争が始まり敗戦までの九年間、天皇中心の皇国史観の教育を受け、やがて軍国主義少女として洗脳されていきました。敗戦を境に軍国主義から民主主義に急変する国家の姿を見、教育の変容にとまどいを覚えたのを思い出します。国家も人間も私自身も、置かれた状況に変節していくことを知りました。この体験は得ようとして得られるものではありません。

特にこの世の構造的な力、しかも巧妙な、忍びよる力に対して押し流される人間のもろさを、認識しました。あの国家権力に抵抗し不服従を表明した人々がどれほどいたでしょう。治安維持法のもとで検挙され、弾圧を受けながら抵抗した者もいますが、多くは妥協しました。

この戦争を体験した者こそ〈すべての人との平和〉を追い求め、人間による戦争の犯罪性を語る責任があるのではないでしょうか。

「すべての人との平和を……求めなさい」（14節）は、信仰共同体の中にとどまらず、信仰の有無を問わず、文字どおり〈すべての人〉と共に生き、すべての不安を取り除いた状態を追い求めることです。

イエス・キリストは十字架の贖罪《しょくざい》の死をもって、私たちと神との和解、人との和解を成就してくださいました（ローマ5・1〜10、エフェソ2・14〜18）。すなわち神との平和、人との平和を打ち立ててくださったのです。その平和（シャローム）の主は、私たちを罪による不安な状況から平和へと救い出し、この世に平和実現へと押し出します。

私たちの国は、一九四六年に日本国憲法を制定し戦争放棄を世界に向けて公布しました。第九条の「正義と秩序を基調とする国際平和を誠実に希求し、国権の発動たる戦争と、武力による威嚇《いかく》又は武力の行使は……永久にこれを放棄する」を守ってきたのです。この憲法の前文と九条こそ世界の至宝と言えるでしょう。ところが九条二項の「戦力は、これを保持しない。国の交戦権は、これを認めない」を抹消する動きがあります。自衛隊の活動が第九条に矛盾するので改憲すべきだという意見があり、再軍備を主張する勢力さえ起こる危険な今日となりました。私たちの国は、平和が育つ精神的土壌がまだ作られていません。長年かけて土壌を作り、良い作物が育つように、平和の土壌作りを続けなければなりません。その役割こそ、戦争を体験した高齢者の責務ではないでしょうか。

「萎《な》えた手と弱くなったひざをまっすぐにしなさい」（12節）。肉体は弱り萎えていきますが、まっすぐに〈平和〉を訴えることはできます。

「足の不自由な人が踏み外すことなく、むしろいやされるように、自分の足でまっすぐな道を歩きなさい」(13節)。たとえ杖《つえ》をつき、車椅子《いす》の生活になっても、〈すべての人との平和〉の道を指し示し、歩き続けることはできます。〈自分の足で〉とは自分の責任の意です。時流に流されることなく、神の御心である〈万民祝福、平和共存〉の方向へ祈り求めて歩くことです。

「すべての人との平和を追い求める」方法は、具体的には各自異なり多様でしょう。しかし聖書には「また聖なる生活を追い求めなさい。聖なる生活を抜きにして、だれも主を見ることはできません」(14節)とも書かれています。〈聖なる生活〉とは礼拝生活です。神を畏《おそ》れ、賛美し、悔い改め、祈り、御言葉に聴くことを抜きにして〈すべての人との平和〉を求めることは不可能だからです。〈主を見上げる〉ことなしの平和は、人間のイデオロギーに走り分裂します。いつも平和の原点に立つことではないでしょうか。

今こそ私たちキリスト者は、「国際社会に貢献する日本」となるために、戦争責任、戦後責任を自覚して、キリストにある〈平和〉を訴え続けたいものです。過誤を犯した過去に眼をつぶってはなりません。

6　サラの笑い

創世記21章1～12節

神はわたしに笑いをお与えになった。
聞く者は皆、わたしと笑い（イサク）を共にしてくれるでしょう。（6節）

「主は、約束されたとおりサラを顧み」（1節）とあります。主はアブラハムだけでなく、サラ、ロトの家族、ハガル、イシュマエルを顧みられる神です。神はどのようにサラを配慮されたのでしょう。サラに子どもが与えられないことを憐れみました。

サラはアブラハムに自分の女奴隷であるハガルによって子どもが与えられることを願いました。やがてイシュマエルが生まれます。アブラハムにとっては実子ですが、サラにとっては違います。不妊の女サラの心境は複雑であったことが容易に想像できます（16章）。そのようなサラに主は「さきに語られたとおりサラのために行われたので、彼女は身ごもり、年老いたアブラハムとの間に男の子を産んだ」（1～2節）。この時アブラハムは百歳、サラは九十歳でした。

一年前には「来年の今ごろ男の子が生まれている」という主の言葉を聞いてサラはひそかに笑いました。主なる神は「なぜサラは笑ったのか。なぜ年をとった自分に子供が生まれるはずがないと思ったのだ。主に不可能なことがあろうか」（18・13～14）と、不信仰を指摘され、あわてて言い逃れるサラ。

しかし、主はひとたび約束されたことを（17章）確実に実行されます。これまで持っていた不安、嫉妬《しっと》、焦り、葛藤《かっとう》、失望、失敗、虚言、涙、すべてを拭《ぬぐ》うように主はサラに笑いをお与えになりました。この老夫婦にとり、待ちわびた笑いでしょう。

アブラハムは神に命ぜられたとおりに、イサク（彼は笑う）と名付けました。名が意味するようにサラの笑いは、喜び、感謝、楽しみ、希望、信仰者の笑いに変わりました。これまでの自嘲《じちょう》的な笑い、苦渋の笑いとはまったく違います。さっそくアブラハムは「神が命じられたとおり、八日目に、息子イサクに割礼を施し」（21・4）、永遠の契約のしるしである割礼（17章）をもって祝福の源の継承を行いました。信仰者の家庭における子の誕生には、祝福の継承、信仰の継承の大きな喜びが用意されていることがわかります。

サラは心から主を賛美して「神はわたしに笑いをお与えになった。聞く者は皆、わたしと笑い（イサク）を共にしてくれるでしょう」（21・6）。いまやサラは神によって笑うことのできる救いの事実の中に入れられました。神の約束の成就を経験したからです。信仰とは「約束をなさった方は真実な方であると信じる」（ヘブライ11・1〜12参照）ことであり、信仰は人を真の喜びに満たします。そればかりでなく、喜びの音信を聞く者の周囲に、主のくすしき御業への賛美と笑いを波及していきます。

笑いは人間に与えられたすばらしい賜物《たまもの》です。周囲を明るくし、自《みずか》らの免疫能力を高める働きもします。ある病院では、医師や看護師たちが、ユーモラスな話を見つけて患者に対応することにより、よく笑い、回復を早めているということです。

ところで高齢者になると、若者のギャグや略語についていけず、話題に入っていけない寂しさを覚える時が、しばしばあります。耳が遠くて聞きづらい、話している内容が理解できず一緒に笑えないこともあるでしょう。しかし、そうだからといって嘆く必要はありません。私たちは〈サラの笑い〉を共有することができるからです。

私たちは、神の約束の成就を信じ、イエス・キリストの十字架と復活により神の祝福と救いの恵みを無条件にいただいています。サラと同じように不信仰で浅はかな過誤を繰り返していますが、「神はわたしに笑いをお与えになった」と告白することができます。その笑いは一般的なものではありません。人の失敗をあざ笑うようなものとはまったく異質です。老いても、死の陰の谷を行くときも、微笑《ほほえ》む安らかな笑いです。永遠の笑いです。今でも思い出すのは、シャガールのエッチング「サラの笑い」です。満面の笑みをたたえて笑いこけているその姿から笑い声が聞こえてくるようでした。神の祝福をいっぱいに受けた信仰者。その笑いは他者を笑いに包み込むことを私たちは経験しています。

今日、不穏な社会状況の下で、倒産、解雇、老老介護、将来への不安がうずまき、老人も若い人も笑うどころではないという人が多いです。いかに困難を乗り越えて生きていくか苦闘しています。その中でこそ私たちは、福音の種子、笑いの種子を播《ま》いていきたいものです。

7　神を賛美せよ

詩編150編

息あるものはこぞって
主を賛美せよ。
ハレルヤ。（6節）

神の恵みに対して溢《あふ》れ出る感動は詩となり、賛美となります。詩編は時代、民族を超えて信仰者に愛唱されてきました。一編一編が特徴をもった詩ですが、詩編全体を読むと「苦難の深淵《しんえん》に投げ出された信仰者の愁訴を、神賛美に転換させる神の御業への信頼」が、かけがえのない主張として見えてきます。

最終編150編では「神を賛美せよ」と、各節ごとに反復し生き生きと歌われています。ここでは、四つのことが語られているのではないでしょうか。

一、どこで賛美するか（1節）

「ハレルヤ。聖所で　神を賛美せよ」。公に礼拝する場は聖所です。神はご自分を礼拝する場所として聖所・幕屋を造らせました（出エジプト記25章）。キリスト者には、主の体である教会が礼拝するところであり、復活された主の日に霊とまことをもって礼拝するように主に招かれています（ヨハネ4章）。

また礼拝する場は地上の教会に限らず、「大空の砦《とりで》で　神を賛美せよ」とも言われます。天上のキリストの御前で天使と召天者による「ハレルヤ。救いと栄光と力とは、わたしたちの神のもの」（黙示録19章）の賛美に、地上の教会も共に唱和していることを知ります。たとえ病床からの賛美であっても、キリストは天上と地上をつなぎ、賛美の輪に包み込んでくださいます。

二、なぜ神を賛美するのか（2節）

「力強い御業のゆえに　神を賛美せよ」。力強い御業とは、私たち人間を罪の縄目から解放し、救い出してくださった御業です。主の十字架と復活による罪の赦《ゆる》しと新しい生命に生きる者には、自《おの》ずから感謝の賛美が引き起こされるのではないでしょうか。

時には思いがけない苦難のどん底に落とされる経験もするかもしれません。今起こっている不幸な現象だけ見るならば悲嘆に暮れるしかないでしょう。しかし、不幸な状況にもかかわらず神を賛美している人がいます。秘訣《ひけつ》は主の愛と絶大な神の力への信頼です。「だれが、キリストの愛からわたしたちを引き離すことができましょう」（ローマ8・35）。この信仰がすべての事柄を、神中心へと捉《とら》え直させます。私の父は牧師でした。「Everything is good」（すべてのことは皆良し）と口癖のように語り、開拓、教会再建の艱難辛苦《かんなんしんく》の中にも神の力ある御業をつねに仰いでいました。

三、どのように神を賛美するか（3〜5節）

「角笛を吹いて　琴と竪琴《たてごと》を奏でて　太鼓に合わせて踊りながら」「弦をかき鳴らし笛を吹いて」「シンバルを鳴らし」「シンバルを響かせて」とあります。さまざまな楽器の演奏に合わせて、全会衆が踊りながら神を賛美する光景が目に浮かびます。このような礼拝を私は北海道のある教会で経験しました。歓喜に満ちて全身から賛美する礼拝者の姿でした。日本の教会は「学ぶ教会」、台湾の教会は「歌う教会」、韓国の教会は「祈る教会」と評されますが、私たちは聖書をよく学ぶと共に楽器や各自の賜物《たまもの》を用いて、全身全霊をもって神様を賛美したいと思います。

四、誰が賛美するか（6節）

「息あるものはこぞって　主を賛美せよ」。命の息を吹き込まれた人間は、ことごとく主を賛美するように造られているのです。「主を賛美せよ」とは「主なる神は正しい。真理である。絶対に良い方である」という意味です。言い換えれば「私たちは正しくないが、私たちによいものを与えてくださり、義人として扱ってくださる神の御業のみを賛美させてください」ということです。人間は人から誉《ほ》められると良い気分になりますが、賛美される必要はありません。神だけが崇《あが》められ賛美されるのです。

息ある者はいずれ塵《ちり》に帰ります。その塵に帰る人間の最高の幸せはどういう時でしょうか。神を賛美する時です。私の夫は顎下腺《がくかせん》から肺に癌《がん》が転移し、終末期はモルヒネ投与のために意識朦朧《もうろう》となりました。目を瞑《つぶ》りながらも「みんな集まっているか。讃美歌三〇五番」と言って「わがものすべては失せはつとも、神をあがめばや、ヨブのごとく……」（五四年版『讃美歌』三〇五番）と五番まで朗々と賛美し祈りました。病室での驚嘆の最後の礼拝。すべての能力をもぎとられても〈主の御業はことごとく正しい〉と示し、賛美礼拝こそ息ある者の最高の幸せであることを証明しました。

私たちがささげる聖日礼拝は、天上にいる者と共に、永遠に新天新地までつづく〈終末的行為〉です。喜びをもって　主を賛美せよ。ハレルヤ。

8　キリストが来られるときに

コリントの信徒への手紙一15章20〜28節

実際、キリストは死者の中から復活し、眠りについた人たちの初穂となられました。（20節）

アドヴェント（待降節）が近づいてきました。アドヴェントは、すでに人の子として来られた主キリストの降誕節を迎える準備とともに、再び来りたもう主を待ち望みつつ、正しい信仰の姿を吟味する期間です。

主を待ち望む信仰に生きることは重大な意味をもちます。この15章は主イエスの復活が事実であるばかりでなく、主が再び来られる日に「わたしたちは皆、今とは異なる状態に変えられます……この死ぬべきものが死なないものを必ず着ることになります」（51〜53節）と。キリストの復活は私たちに新しく生きる命を与えると同時に、終わりの日には、復活の体に変えられることを約束します。

ところがキリスト者の中に「主キリストの復活は信じることができる。が、自分たちの身体《からだ》のよみがえりは信じることができない。十字架の罪の赦《ゆる》しで十分ではないか」と言う人がいることも事実です。私も受洗したころ、十字架による信仰義認はわかりましたが、信仰告白にある「身体のよみがえり」は自分の身体のよみがえりであることを知りませんでした。主の再臨のときに起こる出来事は非現実的な事柄として、正面から向き合おうとしなかったからです。

この世の悪しき権力権勢に立ち向かう勇気がなく、惨めな状況を黙って見ている個人的な慰めの信仰に留《とど》まっているのなら、「この世の生活でキリストに望みをかけているだけだとすれば、わたしたちはすべての人の中で最も惨めな者です」（19節）という「惨めな者」とあまり変わらないのではないでしょうか。

思えば、日本の教会及びキリスト者は第二次世界大戦中に、自由と人権を奪う国家権力にどれほど抵抗し闘ってきたでしょう。治安維持法により違反容疑で日本基督教団第六部、九部の牧師たちが逮捕されたとき、多くの人は災いがわが身に及ぶことを恐れて自己保身の道を歩みました。沈黙、逃避、妥協して侵略戦争に協力していきました。

一方ドイツではナチス政府の教会に対する干渉に対して、告白教会は果敢に抵抗し、長い年月教会闘争を続けました。挫折《ざせつ》もありましたが、日本の教会とは違いました。一九三四年に「バルメン宣言」を出し、告白教会の牧師たちは大量逮捕されましたが、教会は命懸《が》けで闘争しました。当時の動静をおそらく日本の神学者は知っていたでしょう。しかし、ただ沈黙し嵐の過ぎ去るのを待っていたようです。

悪しき権力と闘わず逃避、挫折した原因はどこにあるのでしょう。ひとつには信仰に欠落したものがあったからと言えます。キリストが「かしこより来たりて、生ける者と死ねる者とを審《さば》きたまわん」終末に私たちも栄光の体によみがえること、永遠の生命《いのち》が与えられ、完全な勝利を得ることを、霊的なもの、精神的な領域に捉《とら》えていたことです。

終末における栄光に満ちたキリストの再臨を歴史的現実なものと見なさず、宗教的な領域に留まるものとして区別し、国家権力との衝突を避けたことです。高齢のキリスト者はそのことを知っています。

「実際、キリストは死者の中から復活し、眠りについた人たちの初穂となられました」（20節）とあるように、主の復活は再臨のときの私たちの〈栄光の体〉〈霊の体〉（44節）のよみがえり、救いの完成の初穂を意味します。現在この世はまだサタンが活動していますが歴史を支配される主は、再臨のときに悪霊を完全に絶ち滅ぼし、神の完《まった》き支配、神の国を実現されます。キリスト「小羊は主の主、王の王だから、彼らに打ち勝つ。小羊と共にいる者……忠実な者たちもまた、勝利を収める」（黙示録17・14、ローマ8・37）。聖書はこのことを繰り返し語っています。その御言葉を額面どおり信じ従った人々こそ、悪魔の策略に対抗し雄々しく闘えたのではないでしょうか。

ナチスの弾圧に抵抗しついにブッヘンヴァルト強制収容所で終わりを遂《と》げたパウル・シュナイダー牧師（一八九七～一九三九）は、復活の朝に「かく主は語りたもう。われは復活なり、生命なり」と力強い声を鉄格子から語り出します。たちどころに殴り倒され声はかき消されましたが、人々に勇気を与えました。「かの日」キリストを先頭とする行列の一員に加えられる復活の勝利の信仰は、野蛮で残忍な暴力を最終的には跳ね返しました。

この史実に目を向けるとき、彼を支えた復活信仰を私たちも聖書のメッセージから正しく受けとめたいと思います。「キリストが来られるとき」を待望するアドヴェントこそ聖書と向き合い、各自の信仰内容を吟味検証する期間ではないでしょうか。

9　老人たちよ、これを聞け

ヨエル書1章～3章

あなたたちの時代に、また、先祖の時代にもこのようなことがあっただろうか。
これをあなたたちの子孫に語り伝えよ。（1章2～3節）

「老人たちよ、これを聞け」とヨエル書は冒頭に呼びかけます。かつてない出来事が起こっているからです。いなごの大軍による被害、食糧危機、資源喪失、その上に大国の襲来……恐怖と飢饉《ききん》のどん底にイスラエルは突き落とされました。

「あなたたちの時代に、また、先祖の時代にも　このようなことがあっただろうか」（1・2）と問うほどに深刻な事態に立たされています。そして「これをあなたたちの子孫に語り伝えよ」（3節）と命じます。「この地に住む者よ、皆耳を傾けよ」（2節）と地上に住むすべての人々に呼びかけていますが、まず「老人たちよ」と呼びかけているところに注目しましょう。

老人は長い人生の中で多くの経験を積み、これまでの天災、人災、政治的物質的な危機を見てきました。しかし、これほどの危機は特別です。戦慄《せんりつ》する主の裁き。その時、老人は何をすべきなのでしょう。ヨエル書は告げます。

第一に総懺悔《ざんげ》をすること。「今こそ、心からわたしに立ち帰れ　断食し、泣き悲しんで。衣を裂くのではなく　お前たちの心を引き裂け」（2・12〜13）と迫ります。イスラエルの人は、悲しみや悔い改める時に所作として自分の衣を裂く行為を行いますが、主は〈心を引き裂け〉と命じます。〈心を引き裂け〉とはどういうことでしょう。聖書にはこの個所だけに用いられている言葉ですが、激しい表現です。神に背き続けている罪を魂の底から心が引き裂かれるほどに痛み悲しみ、神に赦《ゆる》しを乞《こ》う改心ではないでしょうか。そして神に立ち帰ることです。悔い改めの呼びかけは、従来、祭司や指導的立場の者が担ってきましたが、ヨエル書は「老人たち」に担当させています。

第二は危機到来と共に「主は偉大な御業を成し遂げられた」というメッセージを語り伝えることです。

「主は偉大な御業を成し遂げられた」（2・20、21、26）と三度も、隠れた歴史支配者である方の偉大なる御業の救いと裁きを告げています。

しかし、主の霊によらなければ、信仰者は裁きと救いの御業を正しく語ることはできません。そこで「わたしはすべての人にわが霊を注ぐ。あなたたちの息子や娘は預言し　老人は夢を見、若者は幻を見る」（3・1）と聖霊降臨預言があります。

思えば預言どおり〈すべての人に〉、すなわち私たちにも主の霊は注がれました。もっとも〈偉大な救いの御業〉であるイエス・キリストの降誕、愛の生涯、十字架、復活、聖霊降臨、教会形成……すべてが成就されました。それゆえに確信を持って御業を語ることができます。

さらに聖霊は〈老人は夢を見る〉ことを可能にしました。どのような夢でしょう。神がこの歴史に介入されていることによる夢と希望です。この絶望的なただ中にあっても神の恵みを発見する限り、夢を見ることができます。ところが〈神の恵みの慣れ〉が起こるならば、夢を見ることは不可能でしょう。ともすると長い信仰生活には〈神の愛に狎《な》れる〉という罠《わな》にはまることがあります。警戒しなければなりません。もし感動もなく降誕節を迎えるのならば、赤信号です。信仰生活が長ければ長いほど降誕による御子の受肉の真理と恵みを、より深くより霊的に発見し、新たな夢を抱くはずです。それを不可能にしているならば、どこか鈍くなっています。

この年も金融危機の中、土砂災害、新型インフルエンザ、多事多難でした。しかも今日、人類は元に戻れない核の脅威、地球温暖化、さまざまな難問の非常事態に立たされています。その中で私たちの国は百歳以上の人が四万人を超え予想以上の長寿国になり、主の憐《あわ》れみの中に守られています。これは何を意味するのでしょう。

この降誕節こそ私たち老人は〈平和の君なるキリストによる真の平和〉の夢と希望を熱く語ると共に、人間の傲慢《ごうまん》による〈自然破壊　核問題　貧富の格差……〉罪の総懺悔を強く訴えることではないでしょうか。

夢と希望を見いだせない人々の多くなった今日。「老人たちよ、これを聞け」「老人たちは夢を見る」存在として置かれています。神が徹底的に歴史に介入する終末の主の日に向かって〈神の救いの御業は成し遂げられた〉クリスマスに救いの恵みを伝えましょう。老人自身の果たすべき分が、神から与えられているのですから、それをわきまえましょう。

10　キリストを着る

ガラテヤの信徒への手紙3章26節〜29節

洗礼を受けてキリストに結ばれたあなたがたは皆、キリストを着ているからです。（27節）

「洗礼を受けてキリストに結ばれたあなたがたは皆、キリストを着ているからです」（27節）と聖書は私たちに語ります。「キリストを着る」とはどういうことしょう。「キリストを身にまとう」（ローマ13・14）「新しい人を身に着け」（エフェソ4・24）と同じ意味です。〈キリストご自身を着ること〉です。すなわちそれは、キリストのからだ・教会に連なり、キリストに覆われ、聖なる者に変えられていくことです。これを私たちはどれほど認識しているでしょうか。

洗礼を受けた者は、キリストの体なる教会の一部分とされて、キリストご自身の所有となります。「あなたがたは皆、信仰により、キリスト・イエスに結ばれて神の子なのです」（ガラテヤ3・26）と。それ以前は私たちは罪の奴隷、律法の奴隷、諸々の霊の奴隷でしたが、今やイエス・キリストに選ばれて神の子の身分に変えられたのです。

旧約聖書ではイスラエルの民が〈わたしの子、わたしの長子〉（出エジプト記4・22、イザヤ書1・2、ホセア書11・1）と呼ばれて神から特別な使命を授けられました。祭司の国、聖なる国民として、すべての民の祝福の源となるように律法と預言者が与えられて教導されましたが、イスラエルは背信を繰り返し、つまずきました（ローマ9・30～32）。ところが神の祝福の約束は変わりません。すべての人を救う〈万民祝福〉の約束は、イエス・キリストによって成就されます。子なる神キリストは天を裂いて人の子として地上に遣わされました。「肉によればキリストも彼らから出られた」（同5節）ことをとおしてです。まさに「時が満ちると、神は、その御子を女から、しかも律法の下に生まれた者としてお遣わしになりました。それは、律法の支配下にある者を贖《あがな》い出して、わたしたちを神の子となさるためでした」(ガラテヤ4・4〜5)。この一方的な神の働きにより、受洗者は〈神の子〉となり、〈キリストを着て〉いるのです。

『讃美歌(54年版)』41番の3に——「つみととがとに　汚れしころも　みなぬぎすて、主よりたまわる晴着をまとい　みまえにぞはべらん」という歌詞(パウル・ゲルハルト作)があります。私は長い間、罪と咎《とが》の古い衣を脱ぎ捨てることをしなくても、キリストの晴着をまといさえすれば、神の前に出られると思っていました。ある意味で古い自分のまま、中味を変えない現状肯定的にこのことを考えていました。しかし聖書はそのように教えていません。神は私たちを〈あるがままに〉受け入れて救ってくださいますが、主の愛は私たちを変容へと導きます。

「キリスト・イエスのものとなった人たちは、肉を欲情や欲望もろとも十字架につけてしまったのです」(ガラテヤ5・24)。そのことからしても聖霊の導きに従って歩むことが求められています。利己心に満ちた汚れのまま居座《いすわ》っていてはならないのです。

「霊の賜物《たまもの》によりバプテスマを受けてキリストを着ることは、キリストご自身に覆っていただき神の似像へと変容されることが始まる」ということをある神学者は語っています。洗礼は神の似像である人間のあるべき姿への立ち帰りであるからこそ、変容されていくのではないでしょうか。
イソップ寓話《ぐうわ》集の「北風と太陽」の話のように、太陽のようなキリストの愛の恵みに覆われると暖かくなって古い罪と汚れの衣を脱ぎますが、北風のような律法では、自我に固執するのではないでしょうか。キリストの圧倒的な愛に触れたその時に、人間の内面も生き方も変わることを知ります。

さらに驚くことは〈キリストを着る〉者は「もはや、ユダヤ人もギリシア人もなく、奴隷も自由な身分の者もなく、男も女もありません。あなたがたは皆、キリスト・イエスにおいて一つだからです」(3・28)。キリストによって私たちの中にある敵意、差別、優越感、劣等感は打ち砕かれ、主のからだである教会に組み込まれていきます。そしてある人は手、ある人は口としてかけがえのない肢体となります。

年を重ねていく中で、私たち老人は老化現象を嘆きがちです。役立たずを悲しみます。しかし聖霊は〈キリストを着る〉者の内に外に働きかけ神への全《まった》き信頼へと導いていることを忘れてはなりません。

新しい年も、聖霊の結ぶ実である愛、喜び、平和、寛容、親切、善意、誠実、柔和、節制(5・22)が与えられていることを日毎に発見していきましょう。

11　最後も犯罪人とともに

ルカによる福音書23章32～43節

はっきり言っておくが、あなたは今日わたしと一緒に楽園にいる（43節）

主イエスのご生涯は、罪人とともに生き、すべての人の罪過をご自身の中に引き受けて救いの道を開いてくださった歩みでした。家畜小屋に生まれ、蔑視《べっし》された徴税人、罪人、病人、貧しい人を愛し、最後は二人の犯罪人とともに十字架刑に処せられる……。これは私たち罪多き者が、罪無き者となるために、主なる神が御子イエス・キリストを罪ある者として十字架への道を歩ませたからです。

「ほかにも、ニ人の犯罪人が、イエスと一緒に死刑にされるために、引かれて行った」（32節）。この二人の名前はわかりません。しかし「我々は、自分のやったことの報いを受けているのだから、当然だ。しかし、この方は何も悪いことをしていない」（41節）と、自分の罪を認めているように、かなり凶悪な犯罪者であったことがわかります。それと対照的に、何一つ罪を犯さず清廉潔白な主イエスは、犯罪人とともに十字架にかけられました。

十字架はもっとも残酷な処刑法です。手と足を釘《くぎ》で打たれ、体重を支えるわずかな板で重心をとり、日中は焼きつくす太陽、夜は凍りつく寒気《さむけ》にさらされて断末魔の苦しみが何時間も続いて死に至ります。この恐ろしい十字架刑を二人の犯罪人は主イエスの傍《そば》近くで受けました。歴史上、主イエスの死をこれほど近くで見た者はいないでしょう。彼らは真横におられる十字架上の主イエスを間近に見、キリストの祈りもはっきりと聞こえたに違いありません。

「父よ、彼らをお赦《ゆる》しください。自分が何をしているのか知らないのです」（34節）。〈彼らをお赦しください〉の〈彼ら〉とは誰のことでしょう。祭司、律法学者、「十字架につけろ」と叫び続ける群衆、逃げ去った弟子たち、犯罪人、そして私たちです。すべての人が〈自分が何をしているのか知らない〉ために、神の御旨に反したことを繰り返しているのです。祭司や律法学者は、自分たちこそ律法に忠実に生き、神に熱心に仕えていると自認し、主イエスの言動をことごとく神の名を汚していると断定して、抹殺にとりかかったのでした。自信過剰、自己義認が強い人ほど〈自分が何をしているのか知らない〉のではないでしょうか。そのような者のためにも、主イエスは執《と》り成《な》しの祈りをささげておられるのです。

「十字架にかけられていた犯罪人の一人が、イエスをののしった。『お前はメシアではないか。自分自身と我々を救ってみろ。』すると、もう一人の方がたしなめた。『お前は神をも恐れないのか……』」（39〜40節）。一人の犯罪人は極度の苦痛から主イエスをののしり、もう一人は神を恐れました。

「イエスよ、あなたの御国においでになるときには、わたしを思い出してください」（42節）。彼は自分の罪科の報いを当然として受け止め、主イエスを仰視《ぎょうし》します。自分の欲望しか見えなかった眼が方向転換します。そして〈御国〉の主権者である主イエスに〈わたしを思い出してください〉と告白しました。

それに対して主イエスは「はっきり言っておくが（アーメン・レゴウ。よくよく言っておく）、あなたは今日わたしと一緒に楽園にいる」（43節）。楽園、パラダイスは、エデンの園のように祝福された人たちに与えられた場所です。

いまや、一人の犯罪人は主イエスから「あなたは今日わたしと一緒に楽園にいる」という宣言をはっきりと聞きました。主イエスは、神に立ち帰る者を無条件に受け入れ、過去の犯罪を問いません。主と一緒に生きる祝福を確約してくださいます。

「イエスと共なる犯罪人」と題して神学者カール・バルトは、バーゼル刑務所で一九五七年受難日に説教しました。その説教の中で「『イエスと共なる犯罪人』それが何を意味するのか。それは最初のキリスト教会である。イエスが近くにおり、イエスの約束、確信、確約が直接じかにふれて生かされる場所……それこそが教会である」と語ります。二人のうち一人だけが主イエスはどなたであるかを認識しましたが、わたしたちも犯罪人にすぎません。その犯罪人の真ん中に十字架と復活の主が立っておられるところこそ、教会であることに気づかされます。主は最後の最後まで、罪深い人間から離れず、救いの偉大なる御業を成就されました。

この受難節に一人でも多くの人が、死ぬ直前にでもかまいませんから、主イエスを告白し、生きている時に救いの言葉を聞くことができますように。教会の肢《えだ》として聖霊の働きを真剣に祈りましょう。

12 「見えないもの」に目を注ぐ

コリントの信徒への手紙二4章16〜18節

わたしたちは見えるものではなく、見えないものに目を注ぎます。（18節）

「老いた人は死を待つ人ではなく、生き続けている人。それならより良く生きる術《すべ》があるはず」と、三十代で老いの問題に着手した上野千鶴子さんは語ります。百歳以上の人が矍鑠《かくしゃく》と生きる現代、お互いに「どうせ老い先短いのだから」という言いわけは通用しなくなりました。高齢者も長期展望をもって生きる術を考える必要があるのです。

では、いかに考えたらよいのでしょう。まず落胆しないことです。パウロは「わたしたちは落胆しません。たとえわたしたちの『外なる人』は衰えていくとしても、わたしたちの『内なる人』は日々新たにされていきます」(16節)と教えます。

「外なる人」とは、いつか死ななければならない目に見える身体です。年齢を重ねるにつれて体力や記憶力は衰えていきます。その減退を予防するために、筋肉トレーニングや能力アップ術などを試みて心身をイキイキさせることもひとつの術かもしれません。しかしキリスト者は、もっと重要なことに目を向けたいものです。それはキリスト者が、「内なる人」であるからです。

「内なる人」とは、キリストに結ばれて新たに生かされている人のことです。単に「内なる人」は目に見えない心の中を指しているのではありません。もし信仰に立たなかったら心もまた外なる人です。なぜならば、心も弱り衰えていくからです。しかしキリストに連なる人は、日毎に生命を神から与えられていることを知り、神への信頼を深めて、折々に神のくすしき御業を仰ぎ見ることができます。

私たちは信仰があっても、認知症や寝たきりになったらどうしようという不安が心をかすめることがあるかもしれません。そのような状態になりましても「内なる人」は健全であるのでしょうか。

ある高齢者は、病気のために人格がまったく変貌《へんぼう》したかのように見えました。しかしそのような状態の中にも、神の御手が働いているのです。その方は重い認知症の信者でした。その方の「内なる人」と向き合って祈ると、その方は祈りの姿勢をとりました。病床聖餐も受けました。見えない深いところで、神との交わりがあることを知らされた出来事でした。意識不明や認知症になりましても、神にすべてを委《ゆだ》ねているためなのか、信仰者は未信の方には見られない平安で穏やかな顔をしているように見受けられます。

次に「わたしたちの一時の軽い艱難《かんなん》は、比べものにならないほど重みのある永遠の栄光をもたらしてくれます」（17節）ことを信じることです。私たちに今起こっている艱難は無期限ではありません。むしろ、比較にならない「重みのある永遠の栄光」を私たちに備えてくださることを知ります。

「重みのある永遠の栄光」とはどういうことなのでしょう。「主イエスを復活させた神が、イエスと共にわたしたちをも復活させ、あなたがたと一緒に御前に立たせてくださる」（14節）「かの日」の栄光です。キリストの十字架と復活により、神の怒りから贖《あがな》い出されて、罪の赦《ゆる》し、身体の甦《よみがえ》り、永遠の生命を完全に与えられる「かの日」の栄光の出来事です。

ハイデルベルク信仰問答は「死」を「永遠の命」の入り口と捉《とら》えています（問答四二）。いつの日か私たちは、この門をくぐって「入学」するのです。ですから、目を転じて「重みのある永遠の栄光」に満ちている「かの日」を仰ぎましょう。

「わたしたちは見えるものではなく、見えないものに目を注ぎます。見えるものは過ぎ去りますが、見えないものは永遠に存続するからです」（18節）

「見えないものに目を注ぐ」ことは現実逃避ではありません。仮の世と思って軽視し無責任に生きることでもありません。むしろ見えない神の約束、神の力、神の栄光に目を注ぐことにより、しなやかな精神と希望を持ち、逆境、挫折《ざせつ》、困難な仕事、迫害にも前向きに生きる術を持つことではないでしょうか。

現代は「見えないもの」を忘れている時代です。物質中心、科学技術中心に動いています。人間さえも見える能力のみで計られています。その中で神の歴史支配を信じる私たちは、聖書正典をとおして「見えない来《きた》るべきもの」に目が開かれています。それゆえに「かの日」に向かって、信仰と希望と愛に生きることこそ、私たち老人のより良く生きる術ではないでしょうか。「命のある限り、恵みと慈しみはいつもわたしを追う」ことを日々新たに体験しつつ。

聖書は人間の死についてどのように教えているか

一　生を考えさせる死

日本は世界有数の長寿国になりました。しかし人は必ず死に定められています。「死の平等化」は、健康な者にも病気がちな者にも、富める者貧しい者、すべてにひとしくやってきます。医学の進歩も人を永遠には生かしません。

死はすべての人にとり未経験なことですから、その理解もまちまちです。そのゆえに不安です。しかし聖書的信仰に立つとき違ってきます。

「結局は、その人のそれぞれの生き方、考え方、信仰が、そのまま集約されてあらわれるものである。人は生きているように、また考え信じてきたようにしか死ねない」（原 義雄著『死 新たなる生へ』日本キリスト教団出版局、一九八五年）。これは医師としてたくさんの例を見た上での証言でありましょう。

死に対する考えはそれぞれの生き方にあらわれることは確かです。死の理解は生の理解であり、その生き方に決定的な意味をもたらします。

たとえば、癌の告知をうけたとき、それをのりこえさせるものは死に対する信仰的理解があるときです。

また死をみとる者が信仰者である場合、失望落胆に終始しません。死を神の許《もと》への召還と受けとり、「かの日」を望みつつ精いっぱいゆるされた生を共に生きぬきます。

過去『信徒の友』誌上にも、輝かしい生涯を選びとったキリスト者が幾人も紹介されました。ある思想家はいいました。「いかに死ぬかを教えうる人はいかに生きるかを教えうる」と。そこで死とは何か、いかに死ぬかを考えてみたいのです。

二　死とは何か

キリスト教信仰において、人間の死は単に身体的死、人生の終末とは考えません。死を深いところでとらえます。すなわち、死を神と無関係には考えずいつも神との関係で理解します。

人間は神に造られたものでありその全存在は、神によるのです。神のかたちに造られてはいますが、神と同質ではありません。有限性をもった存在です（ヘブル9・27）。生も死も神の支配下におかれているのです。

また聖書は人が神の前に罪を犯した結果、死がもたらされたと示します。「罪の払《はら》ふ価は死なり」（ローマ6・23、文語訳）。死は罪と結びつき、刑罰的意味をもつのです。それが死の意味です。

創世記3章の堕罪物語は、最初の人アダムが神の言葉にそむき罪を犯したと語ります。それだけではありません。死がこの世に入ってきたと教えます。

「ひとりの人によって、罪がこの世にはいり、また罪によって死がはいってきたように、

こうして、すべての人が罪を犯したので、死が全人類にはいり込んだのである」（ローマ5・12）

死は人間の罪に対する神の報いです。それが全人類に及んだのです。罪の中にいる人間は、神から離れ神との交わりを失い、死ぬよりほかないものとなりました。そのゆえに死は恐ろしいものとなりました。

聖書は死を美化して書きません。英雄的にも扱いません。主イエスの場合ですら死は恐ろしいもの、絶望的なものとして突きだします（マルコ14・34）。すべての者が「死の恐怖のために一生涯、奴隷となっていた者たち」（ヘブル2・15）なのです。しかし、この恐ろしい死の力を持つ者を主イエスはご自分の死によって滅ぼし「主ご自身、試練を受けて苦しまれたからこそ、試練の中にある者たちを助けることができる」（同18節）としました。

三　第一の死と第二の死

人間は被造物の一つです。その生命は永遠でなく、はじめがあり終わりがあると位置づけられています。その全存在は神に負われています。「生れ出た時から、わたしに負われ、胎を出た時から、わたしに持ち運ばれた者よ、……わたしは造ったゆえ、必ず負い、持ち運び、かつ救う」（イザヤ書46・3〜4）。

従って人間の死は、神の支配の中にあり、死の訪れは神のみが知るところとなります。「あなたがたは、あすのこともわからぬ身なのだ。あなたがたのいのちは、どんなものであるか。あなたがたは、しばしの間あらわれて、たちまち消え行く霧にすぎない。むしろ、あなたがたは『主のみこころであれば、わたしは生きながらえもし、あの事この事もしよう』と言うべきである」（ヤコブ4・14〜15）。

では死の襲来をうけるとすべてが一瞬にして無に帰してしまうのか。死ぬと何もかもおしまいになるのでしょうか。確かにこの世の財産、名誉をかの世にもち運ぶことはできません。死と共にすべては土に帰ります。

しかし死後の世界は神のみ手の中にあります。それは生も死も支配したまう神が、終末の時に徹底的な審判と救いをもたらすことを信ずる信仰の中にある世界です。

それは、死によって霊魂が人間から脱出する世界ではありません。死は霊と肉を分離しません。むしろ人間そのものが、地上から姿を消し、陰府《よみ》にくだるのです。旧約聖書がそれを伝えています（イザヤ書14・9、ヨブ記7・9）。

新約聖書にも、死者は「地下の牢獄」（第一ペテロ3・19）と呼ばれる陰府に下り、最後の審判を待つとあります（マタイ11・23、ルカ10・15、使徒言行録2・27等）。この状態を「眠っている」と表現する個所もあります（第一コリント15・6、第一テサロニケ4・13）。これが「第一の死」です。

聖書は死後のありかたについて詳しく説明はしませんが、第一の死が最後でないことは、はっきり語っています。最後に審判があり「第二の死」があることを告げます（黙示録2章、20章等）。

第二の死とは永遠の死のことです。神が世を終わらせる時、最後の審判が行われます。眠っている者は、よみがえらされ、そこに第一の復活を見ます。また最後の審判がなされ、「いのちの書に名がしるされていない者は」第二の死を味わうのです（同20・15）。

しかし、勝利を得る者は第二の死を経験せず、主と共に永遠に生きる者となります。そして新天新地を見ることをゆるされます（同21章）。

四　キリストによる死の勝利

永遠の死の反対は永遠の生命です。永遠の生命を得るために何をすべきか。金持ちの青年は主イエスに尋ねました。人は自分の行いや努力によってそれが得られると思いがちですが、そうではありません。主に従っていく中で、与えられるのです。主イエスは語ります。「わたしの言葉を聞いて、わたしをつかわされたかたを信じる者は、永遠の命を受け、またさばかれることがなく、死から命に移っている」（ヨハネ5・24）。

神は「御子を信じる者がひとりも滅びないで、永遠の命を得るため」に御子をこの世につかわし、死を克服する道を備えてくださいました。私たちはキリストの生と死と復活にあずかり、神との交わりを回復させられます。赦され、新しい生命に入れられます。このためにバプテスマがあります。そこでキリストに結びつけられ、罪と死の奴隷から解放されます（ローマ6、8章）。

キリスト者の死は刑罰的な意味や死のとげではありません。むしろ死は永遠の生命の入口です。主イエスのあがないの死と復活を望みつつ永遠の世界へ主と共に進む私たちです。

五　いかに死ぬか

これまで死は「息をひきとる」といわれるように、心臓と肺の活動停止が判定の基準になっていました。しかし人工呼吸器その他の生命維持装置の発達は、心臓や肺の活動を人工的にのばすことを可能としました。臓器移植の可否《かひ》も含め、脳死をもって死とするか、否《いな》かもいま問題になっています。延命処置はどこまでゆるされるか、死の判定基準はむずかしく、医療と死をめぐり、かなり問題が複雑になってきました。

医学の進歩は、かえって人間の死の迎え方を非人格的にしてしまう傾向にあります。集中治療室で検査機器に囲まれ、近親者は遠くに追いやられ、死ぬ前から交わりが遮断《しゃだん》されてしまいます。

植村環《うえむらたまき》牧師（一八九〇～一九八二年）は、無意味な延命治療はしないで、自然のままの医療を希望しました。最後の二週間、意識のうすらぐ処置はしないという方針のもとで、多くの人たちの見舞いを受けました。そして最後のあいさつをかわされました。

終わりに、一人の忠実な信仰者の「死」を紹介して結びにしたいと思います。静岡草深教会の長老鈴木淑子さんは、二年間膵臓《すいぞう》癌と戦い、一九八八年一月その終わりを迎えました。「すべては神の栄光が現れるのを願って」生き抜いた人でした。

手術後数か月は〝知らせないことを使命とする〟医師の判断から、虚構の世界に遊ばせてしまいました。しっかりした死生観のない者には不思議なことではありません。しかし真のキリスト者には意味のないことです。

ガンの告知は、いっしょに十字架を担い、復活の主を仰ぐ同志たちに支えられる時可能となります。その告知は充実した生を切り開かせます。真実を告げることで「生きよう！」という気力がわきます。彼女は一時退院も含め、一年八か月を見事に生き抜きました。神が与えたまう一刻一刻を、質の高い時として受けとめ直したのです。

鈴木さんは復活の信仰に立ち、キリストの凱旋《がいせん》の行列に加わることを確信し、いつも輝くような笑顔で人に接しました。誰よりも聖書を読み、み言葉に文字通り生きました。キリストが自分を受けいれてくださっていることを確信し、死も病も受容し、神の栄光のためにその人生を燃焼しつくしました。ゆるがぬ土台の上に人生を築き粛々と死を迎えた人でした。

聖書的説教を志向しながら

一　私の辿った説教への道

結婚したての頃、夫・辻宣道の説教に注文を付けたことがあった。もっと神学的に重厚な説教をしてほしいと。率直に話し合える仲とはいえ、夫はやりきれなかったであろう。嘴《くちばし》黄なりの発言として受け流していたが、いま思えばひどい事を言ってしまったものだ。

彼は生涯「単純・明解・率直」をモットーとして、いかに十字架の福音の真理を平易に語るか、伝えるかに苦慮し続けた。そして、首尾一貫「聖書をして聖書を語らしめる」ことに努力した。ところで当時、私が言う「神学的」ということは、夫に言わせれば説教の中にあちこちの神学書を引用しハクをつける程度のことであったかもしれない。
しかし、私が神学校時代に聞いた竹森満佐一、福田正俊、熊野義孝、北森嘉蔵、井上良雄……の諸教授及び渡辺善太、植村環……諸先生の説教は忘れることのできない重厚なものであった。鋭く深くみ言葉を説き明かし、諄諄《じゅんじゅん》と論理的に福音の内容を語るその説教は迫力に満ちていた。これと同じものを経験の浅い若い牧師に私は求めていたのであろう。優れた演奏の後に未熟な演奏を落ち着いて聴けないように、説教もそのような聴き方をしていたのかもしれない。言うまでもないが説教は、講演や演奏とは違う。神が土の器を用いてみ言葉を語らせるのである。しかしそのことを知りながらも聴衆の要求は大きい。

さて、ある時、夫が他教会から奉仕を依頼され、私が説教する機会が与えられた。育児とアルバイト（オルガン教室）の合間を縫って四苦八苦しながら準備した結果、その説教は神学的（?）であったかもしれないが、難解でみ言葉が聴衆に届かず、しかも教条的なものに終わってしまった。そこにはみ言葉を語る喜びは全く無く、ただ緊張のみが残った。説教後、侘しさと自己嫌悪にかられ、たとえようのないみじめさを味わった。その時はじめて「説教ほど難しいものはない。いまの私にはできない。〈説教〉さえしないですむならば、教会の仕事は何でも喜んでやろう」と決意するほどであった。

それ以来、私は謙遜になり、夫の説教を、〈私に語りかけるみ言葉〉として聴くようになった。そして、よくも毎週毎週説教を作り、語ることができるものだと、驚嘆さえ覚え、説教職に敬意を払うようになった。

ところが補教師十年目に、夫は「正教師試験を受けて教職として立ったらどうか」と促した。それまで補教師でも立派な教職であると思っていた私だが、夫の見解は違っていた。「教職とは説教職として召され、聖礼典を執行できる者」を指すのである。私は改めて説教職としての教職の召命を確認させられて、静岡草深教会の副牧師になった。そして就任した途端、主任教師は対外的な仕事がふえ、留守に聖日礼拝説教を担当するはめになった。カナダ四十日間伝道旅行（一九七五年）の折りは連続六回の聖日礼拝と諸集会の責任を負った。

釈義から説教へ、東神大時代に勉強した「聖書講解」「講解説教」を試みるのであるが、キリスト者が生きている「いま」を視野に入れて、現実からの挑戦を聖書に向き合っていかに語るべきか、大きな課題であった。聖書の論理に即して、神の救済の現実を信仰を持ってとらえ直し、「いま」の課題ときり結び、いかに担うべきか、難題であった。「天地は滅びるが、わたしの言葉は決して滅びない」確信に立ち、時代を鋭く見つつ、福音の真理の不変性を聖書に即して切り込んでいく夫の説教を聴きながら、聖書的説教について気付かせられていった。

さらに、私にとっての大きな出会いは正典的聖書解釈であった。聖書学者たちが歴史的解釈に立ち正典批判を公に語っていた一九七〇年代後半に、私は聖書解釈に危機意識をもっていた。はからずも一九七九年五月に全国教会婦人会連合全国集会での岡村民子氏の講演には大きな衝撃を受けた。歴史的分析的解釈をいくらつきつめても〈聖書の現在的なメッセージをつかむ〉ことにはならないことを知らされた。聖書を信仰と生活との規範として読むには、どうしても〈聖書それ自体をして語らしめる〉ということでなければならない。それには解釈の方法が必要である。そして渡辺善太氏と岡村氏によって編み出された方法論を指し示された。これにより聖書全体から救拯史《きゅうじょうし》(神の救いの歴史)的文脈の中でみ言葉が平板でなく立体的に立ち上がってくるさまをその講演は明示した。その聖書講演に私は圧倒されてしまった。私だけでなく参加者の多くが魅了されてしまった。

とかく正典的聖書解釈は、逐語霊感説(神は聖霊を通して一字一句記者たちに記録させたという説)であると誤解する人がいるが、違う。いずれその違いを説明するが、聖書全体に即して読むと〈信仰によって見直された〉神の救いの歴史が脈々と伝わってくる。正典的聖書研究に魅了された私は、手探りではあるが、聖書的説教を志向するようになった。

現在、私は主任牧師になってまだ二年である（編注・この記事は一九九六年に書かれた）。ところが四十二年前にもった説教者の侘しさと自己嫌悪はいまは全くない。勿論十分語れなかった悔いや反省はあるが、毎回聖書から力を与えられている。〈み言葉に仕える者〉の光栄を自覚し苦痛は消えていった。説教は技巧ではない。聖書を熟読する中で、み言葉の威力に圧倒されて説き明かすことである。

二　聖書的説教と「いま」

キリスト教会には聖書を重んじない教会は一つもない。日本基督教団は「聖書は……教会の拠るべき唯一の正典なり……神の言にして、信仰と生活との誤りなき規範なり」と信仰告白している。多かれ少なかれ、教会の説教は、聖書に準拠している。「時事問題」について説教するにしても、「いま、ここに」語るべき内容が無尽蔵にあることを信じている。聖書的ということは決して非現実的なことではない。しかし、「聖書的説教などしていると時代から浮いてしまう」という声がある。それは説教者自身が時代から浮いているために生じる問題である。確かに「いまを生きる」会衆の信仰的課題と全く無関係に、対話のない聖書のメッセージが語られるならば、かく批判されてもやむを得ない。だがそれは聖書的説教ではない。

では聖書的説教とは、いったいどういう説教か。渡辺善太氏は『聖書的説教とは?』(日本キリスト教団出版局、ヨベル、二〇一四年復刊)において、次のように語っている。

「それは定義的にいえば、徹頭徹尾『聖書に始まり、聖書により、聖書に終わる』説教である。……そのテキストが示している主題が、首尾一貫し、一つの論理によって貫かれ、そして高められ、深められ、広げられて、その全体が上昇的にまたは下降的に、あるいは帰納的にまたは演繹的に発展させられ、そして全体が徐々にしぼられて、聖書的に結論づけられる説教である。しかし……説教者それぞれが望んではいるが、それが本当にできることは、一生涯に何回と数えるほどしかないだろう」(一四頁、ヨベル版四五頁)。

確かに聖書的説教は、終わりなき準備作業が求められる。現実には時間切れで、ある程度のところまでまとめて、聖日礼拝に臨む場合が多い。「いま」を考える時、社会的にも政治的にも種々様々な問題が渦巻き、その現状の只中で問題を突きつけられている。説教者も会衆も「時代」からの挑戦を受け、信仰的課題として突きつけられている。聖書的説教は、〈聖書の言葉〉と信仰的課題とが、上よりの力で結びつけられることである。この結びつきによる力が、聖書的説教をして〈始めから終わりまで〉支え、かつ支配するのである。渡辺氏は「かくのごとくして生まれた聖書的説教が時代から浮くはずはない」（前掲書、二六頁、ヨベル版四七頁）と断言するが、同感である。

ところが、説教者が聖書のテキストに固執すればするほど、会衆はその説教に隔たりを感じてしまうことがある。それは平板な釈義にとどまり、教条的な回答に逃げてしまうからではないであろうか。説教者はこの歴史的現実を信仰をもってとらえ直し、聖書全体の救拯史の中から、聖書は何を語っているのか祈りつつ考えていかなければならない。

「聖書が信仰と生活との誤りなき規範である」ということは、聖書が〈いま、ここに〉私たちの信仰と生活とに、神の現実的行為として語りかけて、それを規範として示していることを信じることである。

規範である聖書は、羅針盤として、いかに現実問題に取り組むべきか信仰者にその方向性を理解させる。方向性を示されたならば、いかに歩むか、いかに生きていくべきかの具体的問題を〈適用〉していかなければならない。今日の教会の現実として〈理解〉と〈適用〉とが混同されているため、混乱が起きている。正典的聖書解釈を推し進めていくことによって、〈理解〉と〈適用〉の混同が信仰者にとり、いかに致命的であるかということが分かってくる。

次に今日におけるもう一つの現象として、説教が聖書よりも社会現象や時代的状況を取り入れてその課題に応えたいばかりに「時事解説」まがいになることがある。来る日曜も来る日曜も、半煮えの時事問題や思想問題を、しかも素人くさいその扱い方で聴かされては、信者はやり切れなくなるのは当然である。

何よりも困るのは、このような説教が語られていると、教会は育たず徐々に弱体化していくことである。これは一教会の問題にとどまらない。日本基督教団のある教区では、最近二年間に現住陪餐会員が二百名近く減少しているという。教団ばかりでなく日本全体の宣教の問題である。このことを考えると、教会は聖書的説教をいかに正しく語るべきか、緊急課題に思えてならない。

三　聖書的説教の不可欠性

聖書的説教を牧師たる者は誰もが語っていると思っている。しかしここで語る聖書的説教は、正典的解釈を主とした立場からである。

聖書は文献性と正典性とを両極にもっている。従って文献的解釈を無視することはできない。だが説教を準備する場合、あくまでも文献的解釈は参考までということになる。それは、聖書を文献的、史料批判的に究明しても、そのままで教会の信仰の問う問いに答えるものではないからである。歴史的批判的解釈を無視することは許されないが、正典的解釈との差異を認識し混同が起こらぬようにすべきである。

私は、正典的聖書解釈と出会ってから日が浅いが、教会の信仰を確認するには正典的解釈は不可欠で基礎的なものであると思う。これのみが唯一絶対の解釈であるとは思っていないが、この正典的解釈を他の解釈と比較対照することによってその特色を浮き彫りにすることができる。同時に私たちの解釈上の陥りやすい傾向に気づかされる。

とかく「いま」を意識して説教する場合、多くは状況的解釈を試みようとする。また、現実を遊離した教会中心的ひいては聖書中心的発想への反動としてそれはなされる。いずれにしても、そこには理念と現実とを二者択一的に捉える傾向があるのではないか。状況的解釈は、〈無意識〉に福音の真理を相対化する傾向に陥り、果たして聖書に照らした福音的・教会的理念が現実問題の中で語られるのであろうか、との問題を残す。岡村氏は次のように説明する。

「本来、『この世のものでないものとして、この世におかれている』ものとしての〈在るべき教会〉は、見える教会と見えない教会の両極・緊張的なものとされている（ヨハネによる福音書一五～一七章参照）。教会はその中におかれているこの世の現実（状況）から遊離した在り方は許されない。

他方、教会は、〈この世のものでないもの〉として、というその特殊性（聖別感）を失ってしまっては、ミイラ取りがミイラになる結果を生むしかない。教会は、括弧の中に在りつつ、時代（状況）からの問いかけと、括弧の前、即ち上からの問いかけとの交叉点に立つべく宿命づけられているからである。既にくり返したように、教会に求められるのは、横（時代）との関係での〈連帯〉（罪における負債感）と、上に向かっての〈聖別〉との両極・緊張的在り方である（出エジプト記一九・六、ヨハネ一七・一四以下、マタイ二五・四一以下等）」。

このような現実に立つ時、状況的解釈は、教会のみがもつ〈位置〉〈性格〉〈使命〉をどれだけ深く掘り下げて〈み言葉を語る〉ことができるかが問われてくるのである。

では、正典的聖書解釈による聖書的説教はどうなのか。そこでは〈連帯〉と〈聖別〉の緊張の中で「いま」「何を」を語るかが問われてくる。そして、聖書的説教はそれに挑戦していくのである。聖書的説教は〈開けゴマ〉式のものではない。聖書それ自体の主張と解釈者の前提との不断の葛藤が求められるのである。まことに至難の業である。しかし、そこに地上の教会が求められている聖書的説教の課題があるのだ。そのことについて渡辺氏が〈聖書的説教の福音的両極挑戦〉（前掲書二七五頁以下、ヨベル版二八四頁以下）で語っているので略述する。

「とかくキリスト教はもっぱら、〈個人の救い〉に集中し、社会的政治的指針を与えないという点で、時代的要求に答えられない宗教であるという悲しむべき誤解が行き渡っている。だがこの誤解に対しては教会の説教者や指導者等の側に、責任があった。というのは、聖書はあきらかに、世界とその政治を毒する〈悪霊への挑戦〉をも訴えているからである。つまり、教会の説教としては〈個人救拯〉と〈悪霊打倒〉という両極挑戦こそふさわしいということである。

ここで特に注意せらるべきことは、エペソ書における、この悪霊との戦いに対する『武器』が『御霊の剣すなわち神の言』とせられ、個人救拯に向けられている場合と同じであることである。これを見れば、教会の福音宣教が、この『両極』に向けられていることがわかる。今日の教会の宣教において、一方のみが、力説されているところに問題があることがわかる」。

聖書は、悪霊または悪の王国が、キリストの十字架と復活によって打倒されるものであることを語っている。従って聖書的説教者は、〈個人の救い〉を語ると共に、世界と社会を混乱させる〈悪霊への挑戦〉を、その見えざる対象を常に自覚して語るのである。両極挑戦が自覚されるか、しないかによって、聖書的説教は「いま」を見据え、核心に迫るものになるか決まるのである。

四　聖書的説教と伝達の言葉

福音を伝達する手段は言葉である。正しい日本語を用いて説教を語らねばならない。「いま」を生きる人々に分かる言葉で福音を語らねばならない。人間の理性では受け入れ難い十字架の福音を、分かるように語るのは説教者の課題である。一般的な知識の伝達ではないから難題である。

よく言われていることだが、説教はそこにひとつの出来事が起こることを期待する。つまりみ言葉と御霊によって造りかえられていく出来事である。ある者は悔い改めに導かれ、ある者は罪の赦しを確信し、ある者は課題を担う決意をする。聖霊の力によってその出来事が起こるのである。教会は聖霊によって建てられ、聖霊によって先導されている。

「神の言葉は生きており、力を発揮し、どんな両刃の剣よりも鋭く、精神と霊、関節と骨髄とを切り離すほどに刺し通して、心の思いや考えを見分けることができるからです」（ヘブライ四・一二）

このように教会に与えられている神の言葉は力があり、み言葉に聴き従う者へと導くのである。ところが、説教が難解で信仰箇条の教義のみでは生きた言葉として響いてこないことがある。平易な言葉を用いることは、内容を低下させるという誤解があるかもしれない。しかし心打つ説教は、分かる言葉を用いながら、しかもその内容は深遠で豊かである。「教会の宣教者は、ことに聖書的説教と聖書解説とをする場合、その内容を低めず、略さず、薄めず、割り引きせず、『わかりやすい用語で』述べる練習をしなければならない。……『やさしいことばで、むずかしいことを！』が、今日の教会の宣教者の標語でなければならないと私は思っている」（前掲書、一〇二〜一〇三頁、ヨベル版一二〇頁）と渡辺氏は語る。

「説教者はいま」説教を正しく批評され、訓練される機会をもっている人が何人いるであろうか。多くの教職は早くから一城のあるじになり、誰からも批評されずにいるのではないか。時折、面と向かって批評されようものなら、かなりのショックを受けるか、反発するかのどちらかではなかろうか。

伝道も説教も「対話」であるのに、一般的でない「教会用語」を用いて一方的に語っている場合が多い。せっかく礼拝に出席しても、その難解な用語を語ることによって説教が分からず、求道の初期に立ち去らせてしまうことが多い。伝道しようと叫ばれているわりには「対話」に欠け、伝達の工夫がなされていないのである。

夫は顎下腺ガンの手術後の二か月間、私の説教を聴いた。それまでは夫の留守中に説教していたので、まともに続けて聴くことがなかった。夫は会衆と同じように一生懸命にメモしていた。礼拝が終わると「内容は良いが、この言葉の使い方は適当ではない。この、て、に、を、は、が間違っている」といったように、いちいちチェックした。

「これから誰も言ってくれる人がいないから我慢して聞いてほしい」と。自分がいなくなったあと、百数十名の聴衆に〈わかる説教〉をさせるために必死で指導してくれた。その頃は、病人である夫の世話と会堂建築のために疲れはてての、準備不足の説教である。その説教に対する痛烈な批評と指導は涙が出るほどつらかった。しかし説教職として立たせるための真剣勝負を夫は示してくれたのである。

夫は「説教とは、語る者も聴く者も圧倒的に迫りくる神の主権の前に身をかがめ、聖霊の恩恵に浴して再献身に召し出される、いわばダイナマイトのように力のあるものである」とよく語っていた。彼は今日的信仰課題を常に見据え、その課題をみ言葉と切り結び、み言葉に生きる喜びをあますところなく語った。礼拝の祈りも、社会、政治、国際間の問題を歴史の主に訴え、的確な言葉を選び簡潔かつ重厚なものであった。

「説教はいま」を問う時、今求められているのは彼のように聖書をして聖書を語らしめ、同時に説教者自らがみ言葉に聴き従い、まことの〈在るべき教会〉を形づくることではないか。遅ればせながら、いま私は正典的聖書解釈を『渡辺善太全集　第6巻』(キリスト新聞社、ヨベル版「聖書正典論」全2冊完結、「聖書解釈論」全3冊未完「聖書神学論」全2冊未完)に学びながら、聖書的説教を志向している。そして豊かな福音の内容を〈わかる言葉〉で、聖書に即して語れるようになりたいと願っている。

講演

聖書におけるキリスト——教会の正典である聖書をいかに読むか

聖書におけるキリスト

――教会の正典である聖書をいかに読むか

ローマの信徒への手紙1章1～6節

私たちは今、手に取って自らの目で聖書を読むことができる。そして、それぞれの国の言葉で聖書を読むことができるという、非常に恵まれた時代に生きています。

しかしユダヤ人は、目の前にイエス・キリストがおられるにもかかわらず、そして旧約聖書において預言され、それが成就しているにもかかわらず、聖書の読み方がちがうために、目の前にいらっしゃるイエス・キリストに従って行きませんでした。彼らは永遠の命

郵便はがき

恐縮ですが
切手を
お貼りください

113 - 0033

東京都文京区本郷 4-1-1-5F

株式会社ヨベル YOBEL Inc. 行

ご住所・ご氏名等ご記入の上ご投函ください。

ご氏名：　　　　　　　　　　　　（　　　歳）
ご職業：
所属団体名（会社、学校等）：
ご住所：（〒　　　-　　　　）

電話（または携帯電話）：　　　　（　　　　　）
e-mail：

表面に ご住所・ご氏名等ご記入の上ご投函ください。

●今回お買い上げいただいた本の書名をご記入ください。
書名：

●この本を何でお知りになりましたか？
1. 新聞広告（　　　）2. 雑誌広告（　　　）3. 書評（　　　）
4. 書店で見て（　　　　書店）5. 知人・友人等に薦められて
6. Facebook や小社ホームページ等を見て（　　　　　）

●ご購読ありがとうございます。
ご意見、ご感想などございましたらお書きくだされればさいわいです。
また、読んでみたいジャンルや書いていただきたい著者の方のお名前。

・新刊やイベントをご案内するヨベル・ニュースレター（E メール配信・不定期）をご希望の方にはお送りいたします。
（配信を希望する／希望しない）

・よろしければご関心のジャンルをお知らせください
（哲学・思想／宗教／心理／社会科学／社会ノンフィクション／教育／歴史／文学／自然科学／芸術／生活／語学／その他（　　　　　）

・小社へのご要望等ございましたらコメントをお願いします。

自費出版の手引き「**本を出版したい方へ**」を差し上げております。
興味のある方は送付させていただきます。
資料「**本を出版したい方へ**」が（必要　　必要ない）

見積（無料）など本造りに関するご相談を承っております。お気軽にご相談いただければ幸いです。

＊上記の個人情報に関しては、小社の御案内以外には使用いたしません。

に関して一生懸命研究しました。けれども、その永遠の命を与える主に出会いながらも、その主のもとに行くことをしませんでした。一体、あれほど聖書の一字一句を大切にしたイスラエルの人たちが、どうして旧約聖書の中で預言されてきたイエス・キリストに出会うことができなかったのでしょうか。

「聖書を読む」とは一体どういうことなのか。今日のこの時間はそのことを中心にお話ししたいと思います。

一　聖書の読み方はいろいろある

聖書をいかに読むか。その読み方はいろいろです。聖書に証しされているイエス・キリストに出会えないで読んでしまうということがほとんどではないでしょうか。

日本の明治や昭和の文学者たちも、多くは聖書をよく読んでいます。しかし、どういう読み方をしているのでしょうか。聖書の中の詩篇などは非常に優れた文学作品です。文語訳聖書の詩篇を訳された植村正久先生（一八五八～一九二五年）は大変な文才を持っていらっしゃいましたから、あの詩篇は実に素晴らしい文学作品であると思わざるを得ません。ですから、文学作品として読むことも可能です。

また、イエス・キリストのご生涯や十字架と復活について、四人の記者たちが福音書を書いています。これも、イエス・キリストとはいかなる方かということを第三者的に読むならば、なんと優れた愛の人、また未だかつてない素晴らしい教えを語った人として、人生読本のひとつとして読むことができるのではないでしょうか。山上の説教にしろ、パウロの書簡にしろ、人間が行うべき高度な倫理的歩みを指し示しています。また旧約における箴言も、短い言葉で人間の生きるべき道を示しています。確かに具体的に、人生をいかに生きるべきかということを聖書は教えています。

旧約聖書によると、天地創造があり、人間が神に背いて堕落しエデンの園から追放され、この世界に神さまは一人の人を選びました。それはアブラハムです。ウルの地はメソポタミアのさまざまな偶像礼拝が祭られている土地です。そこからアブラハムを選んで、祝福の基《もとい》とされました。それが創世記12章に書かれています。

「地のすべてのやからは、あなたによって祝福される」（口語訳）

この祝福の民を用いて神さまはご自身のみ旨をこの地上の人々に示そうとなさいました。そしてアブラハムの子孫を増やしました。しかし、ヨセフはエジプトに売られ、イスラエルに飢饉《ききん》があったときに大勢の人たちがエジプトで住むようになりました。そして神さまはモーセをお選びになって、また約束の地へお戻しになりました。四十年間の荒野の生活において、神の民・選ばれた民・聖なる国民として、祭司の国として彼らを訓練し、教育するわけです。神さまは律法を与え、彼らを通して祝福が万民にもたらされるように、お導きになったのです。それにもかかわらず、イスラエルの人たちは約束の地カナンに入るとその地の偶像礼拝に影響され、士師時代などはまったく残酷なことが行われました。またイスラエルの人たちは、王が欲しいと言って、始めにサウルが王に立てられたわけです。

このように旧約聖書を創世記から読んでまいりますと、イスラエルの歴史がよくわかります。ですから、旧約聖書はイスラエルの歴史が書かれている本、歴史書として取り扱うこともできるわけです。そこに出てくるさまざまな人物について、わたしたちは興味深く読むことができます。このように歴史的な文献として聖書を読むことができます。また一方においては信仰の指導書として読むこともできます。

欧米の文学や絵画、音楽、もちろん映画も劇も、聖書を読まないとわかりません。多くの作品には聖書のできごと、物語が描かれています。バッハなどはほとんどというくらい、聖書に題材を得ています。そのように、聖書は文学作品、芸術作品になんと大きな影響を与えているかということを思います。

二　聖書が英国の宗教改革に果たした役割

世界的文豪と言われるシェイクスピア（William Shakespeare, 1564~1616）も、とても聖書を読んだ人でした。はからずも今年（二〇〇四年）四月に英国十日間の素晴らしい旅に参加いたしました。同行者は未信者の方たちが二十一名で私一人だけクリスチャンでした。それまでは旅行するときはいつもクリスチャンと一緒に旅行しておりましたから、毎日礼拝をし、日曜日にはどこかの礼拝堂で礼拝をする。またオラトリオを一緒に歌ったりして、そういうツアーにいつも参加しておりましたので、今回のような旅は初めてでした。どうやって主の日を確保したらいいのかと考えていました。

スコットランドのエジンバラから入りまして、四月一八日の日曜日はストラットフォード・アポン・エイヴォンというシェイクスピアの生まれたところを見学する日になりました。そこの午後の時間は自由時間です。みんな地図をもらいまして、好きな所を2時間のあいだどこに行ってもいいということになりました。真っ先に私は、日曜日ですからシェイクスピアが幼児洗礼を受け、そしてシェイクスピアがそこで埋葬されている The Holy Trinity Church（三位一体教会）に行きました。そこには午前中の礼拝のあとのぬくもりが残っていました。午後は観光客に開放しているなかで、横の方で一人の婦人が静かに礼拝していました。それで私もその後ろの席にすわって、その日の賛美歌と聖書の箇所が掲示してありますので、教会備え付けの賛美歌、聖書をひもときながら、一人でそこで礼拝をしました。ちょうど復活節の次の週でしたから、その復活の喜びに満ちた賛美歌、聖書の箇所でした。この講壇の横のほうに、シェイクスピアが幼児洗礼を受けたときの年月日を、教区登記簿に出していたコピーがちゃんとありました。登記簿の中には一五六四年四月二五日と書いてありました。四月一八日に生まれましたから、その次の週にシェイクスピアが洗礼を受けたことになります。そしてその教会にシェイクスピアが読んだであろう当時の聖書が展示されていました。

また、シェイクスピア博物館に参りましたら、ティンデル（William Tyndale）という人の訳した大きな聖書が置いてありました。その隣には『欽定訳《きんてい》』King's Version の聖書が置いてあり、祈祷書も置いてありました。まずシェイクスピア博物館に入ってすぐそこに、その当時の聖書が置いてあるのです。彼の文芸作品の中に聖書の言葉がどんどん出てくるわけが分ります。彼は本当によく聖書を読んだ人でした。それを英国の人たち、ストラットフォード・アポン・エイヴォンの人たちは誇りにしているのです。

このティンデルとはどういう人でしょうか。ウィリアム・ティンデルは一四九四年から一五三九年まで生きたと言われていますが、別の説では一四八三年に生まれていたということです。ヨーロッパでは宗教改革が一五一七年に始まりました。当時のローマ教皇は、たとえば教皇インノケンティウス8世（在位一四八四年〜九二年）には七人の私生児があり、次の教皇アレキサンデル6世（在位一四九二年〜一五〇三年）は未婚のスペイン女性と同棲しているという有様。ティンデルはオックスフォードを出てケンブリッジの神学部を出て、かなり有能な人でした。そして教区の司祭になりましたが、聖職者たちがほとんど聖書を読んでいなかったのです。当時の礼拝ではブルガータというラテン語の聖書は朗読する。けれども聖書の内容はよく知らなかったのです。そこでティンデルはこういうことを言いました。

「もし神が生きながらえさせてくれるなら、わたしは何年もしないうちに、鍬《くわ》で耕している少年をあなたが知る以上に聖書を知るようにしてみせよう。」

それでティンデルは、ラテン語、ギリシア語、ヘブライ語の聖書をもとに、英語に翻訳しました。一四四五年グーテンベルクが活版印刷機を発明しましたので、彼はそれを活用しました。彼は大変優れた英訳をいたしました。そして当時の聖職者たちの堕落に対し、また教皇のありように対して批判をしたのです。そのことによって彼はとうとう絞首刑になりました。絞首刑のあと火あぶりにもされたという記録が残っています。彼はすべての人たちにこの素晴らしい聖書の内容を知ってもらいたいと願い、心血を注いで英語に訳しました。単なる礼拝用ではなくて、民衆が聖書を自ら読んでもらいたいという思いで訳したのです。ティンデルが翻訳した英語の聖書は諸教会に配布され、シェイクスピアもその聖書を愛読しました。

そののち、ジェームズ1世によってさらに『欽定訳聖書』ができました。それはおそらくティンデルの訳を参考にしながら作られたことでしょう。王様が五十四名の学者たちをハンプトン宮殿に招いて旧約聖書と新約聖書を翻訳させ、一六〇七年に完成したものが、これこそイギリス国民の聖書としてみんなに読んでもらえるようになったのです。

このように聖書が国民に読まれることによって、人々は生き生きとした本物の信仰へと導かれていきました。ですから英国の宗教改革が、マルチン・ルター（Martin Luther, 1483~1546）が一五一七年に改革を始めた後かなり経ってから、カルヴァン（Jean Calvin, 1509~1564）の宗教改革などの影響を受けながらじわじわと起こってきたのは、ティンデルの英訳聖書が影響しているということが改めてわかります。

国王ヘンリー8世の王妃キャサリンとの離婚問題が英国の宗教改革の一端をなしているというふうによく言われていますが、ヘンリー8世はなかなか後継ぎが生まれませんでした。ですから離婚という形を取らざるを得なかったという、非常に同情的な見方をしている人たちも多いです。一方、一五二六年にティンデルが英語の聖書を訳したことにより、国民が、当時のローマ・カトリックのキリスト教では本当に聖書的ではないということに気づかされていったのです。

そして、宗教改革がその聖書を通して大きな力になってきました。聖書が一部の限られた聖職者のものではなく、一般国民のものとして正しく読まれるときに改革が引き起こされるのであると、教会の歴史家たちは見ています。それは今日にも言えることではないでしょうか。それぞれの教会にいろいろな問題がある。どうしたらいいのか、行き詰まることがある。そのときに、ただ教職だけの聖書ではなく、教会員一人一人のものとして聖書が正しく読まれるときに教会の改革は行われるのです。み言葉と御霊《みたま》によって教会の改革はなされていきます。静岡草深教会もそうです。み言葉と御霊によって教会が改革される。そのことを信じながらやってきました。

三　教会の正典としての聖書

日本アライアンス教団の教憲の第2条にこういう言葉があります。

「この教団は、旧新約聖書を神より与えられた、救いに関する唯一の書、又は信仰生活の謬《あやま》りなき基準の書と信じ、使徒信条を告白する。即ち、

1　父と子と聖霊なる三位一体の神を信ずる。

2　主イエス・キリストの代償的死による全き贖罪を信ずる。

3　主イエス・キリストを信ずる者の永遠の救いと、彼を信じない者の永遠の刑罰を信

ずる。

4　主イエス・キリストを救主、潔め主、癒し主、再び来たりたもう主と崇め、信ずる。

5　聖書の原典は、神の黙示によって逐語的に与えられるものであると信ずる。」

私が属している日本キリスト教団も信仰告白の中にこういう言葉があります。

「我等は信じ、かつ告白す。旧新約聖書は神の霊感によりてなり、キリストを証しし、福音の真理を示し、教会の拠るべき唯一の正典なり。されば聖書は聖霊によりて神につき救いにつきて全き知識を我等に与うる神の言にして信仰と生活との誤りなき規範なり。」

「教会の拠るべき唯一の正典なり」とあります。よく「聖典」と書く人がいますが、それと意味は違います。「典」というのは人が踏み行うべき道を示す書物を言うそうです。ですから聖書を聖なる典として大事にすることは歴史的に受け継がれてきたのですが、あらためてこれを「正典」とするところに大きい意味があります。これを「正典」とした場合には、他の文献とは違うということを覚えていただきたいと思います。

この正典というのは「キャノン」という言葉で、これはヘブル語の「カーネ」から来ています。カーネというのはナイル川に立っている葦《あし》です。葦の葉は本当にまっすぐで、昔の人はそれを定規《じょうぎ》にしました。ですから、カーネというのは定規です。定規というのは基準、規範という意味を持ちます。従って聖書は、信仰と生活の誤りなき基準、規範であるということです。日本アライアンス教団の教憲のなかに「旧新約聖書は唯一の書」と書かれているとおり、聖書はかけがえのない唯一の書。救いに関する唯一の書である。そして信仰生活の誤りなき基準の書。これがまさに正典ということです。

四　六六巻が正典となるまで

歴史的に見ると、主イエスのことについて書いた福音書はたくさんありました。「ルカによる福音書」の最初のところで、そのことをルカは書いています。

1章1節「わたしたちの間で実現した事柄について、最初から目撃して御言葉のために働いた人々がわたしたちに伝えたとおりに、物語を書き連ねようと、多くの人々が既に手を着けています。」

主イエスのなされた出来事をずっと見てきた人たちがみんな、このことを人々に伝えたいと思って書き表したわけです。

「そこで、敬愛するテオフィロさま、わたしもすべての事を初めから詳しく調べていますので、順序正しく書いてあなたに献呈するのがよいと思いました。お受けになった教えが確実なものであることを、よく分かっていただきたいのであります。」

自分もその一人として今、書くというわけです。

ですから、たった四つの福音書だけがあったのではありません。いろいろな福音書がありました。その中で四つの福音書が選ばれるまでには、いろいろ大きな問題が曲折してあったようです。

マルキオンという人が一四〇年ごろに活躍しました。この人は非常に熱心な教父、指導者でした。イエス・キリストの救いに感動しました。パウロの書簡を通して本当にイエス・キリストは十字架で死んで、そして復活なさったことを信じた彼は、「ルカによる福音書」とパウロ書簡の十個だけで充分であり、それが正典だということをとても強く主張しました。その影響を受けた人たちもかなり出てきました。

それからグノーシス派というギリシア哲学の影響を受けた人たちも出てきて、イエス・

キリストが肉体をとって来られたことを否定するいろいろな説がを出てきました。その中で教会は多くの課題をもちながら正典を決めていきます。

最初に三九三年にヒッポ会議でこのことを話し合いました。でも実際に決定したのは三九七年のカルタゴ会議だったといわれています。そこで何を決定したかというと、今私たちが持っている「マタイによる福音書」から「ヨハネ黙示録」までの二七巻を新約聖書と決めたのです。そしてユダヤ会堂で正典とされた創世記からマラキ書までの三九巻を、そのまま教会の正典としました。

ところで、当時のイスラエルはどんな様子だったかというと、国は滅びました。BC九三三年に北イスラエル、南ユダと分裂し、その後アッシリアに滅ぼされバビロニアに滅ぼされ、次はペルシアに、次はギリシアに、次はローマに支配されました。常に為政者によって滅ぼされ、「でも我々にはエルサレムに神殿がある」ということを大事にしていました。けれどもローマ軍が七〇年にエルサレムを占領し、そして神殿も崩壊してしまいました。神殿があれば大丈夫だと思っていたイスラエルはもうめちゃめちゃにやられてしまったわけです。そして、一方にはナザレの子を救い主だと言っている一つのグループが生まれてきました。ラビたちは非常に危機感を感じました。エルサレム神殿も滅びた。頼るものはもう聖書以外にありません。モーセ五書と預言書と諸書といわれる書物、それを本当に大事にしてきました。これこそ信仰と生活の規範として、ユダヤ教の正典として決めようということで、ヤムニアというところで集まって会議を開き、そこで今の三九巻を正典として決めるわけです。ヤムニア会議においてその決定をするのにＡＤ九〇年から一〇〇年のあいだかかったであろうと言われていますが、これでユダヤ教はしっかりとした規範を持ちました。

キリスト教のほうは、旧約聖書なくしてはイエス・キリストを証言するものはないということをはっきりとキリスト教会は信じていましたから、旧約聖書の三九巻と新約聖書の二七巻の六六巻を教会の正典としました。さまざまな闘いの歴史のなかで筋道を取りながらキリスト教会は、今持っている六六巻を正典に決めたわけです。イエスさまの生きていらっしゃる時代にすでに、それより三世紀前（ＢＣ二五〇年）ギリシア語で訳されている旧約聖書もできていました。セプトゥアギンタ「七十人訳」と呼ばれます。

その当時地中海沿岸地方はアレキサンダー大王が支配しており、アレキサンダー大王の政策は、世界を制覇するには言語で支配するということだったのです。ですから、自分たちの支配したところは全部ギリシア語を使うように命令しました。そしてギリシア文化を浸透させていったわけです。それがまたイエス・キリストの福音を伝えるためには大きな武器になりました。世界共通語がギリシア語で、パウロは地中海沿岸の広い地方に伝道することができました。

もう一つ幸せなことは、イエスさまの時代はローマが支配していました。ローマの道は世界に通じる、世界の道はローマに通じるという形で戦略的に道が整備されていました。ですからパウロが伝道するのに非常に都合がよかったのです。福音がすみやかに世界へ伝わっていきました。

聖書を本当にみんなが大事にしてきたということを知っていただくために、セプトゥアギンタという、BC二五〇年ごろにエジプトのアレキサンドリアに七二人の学者たちが集まって一生懸命ヘブル語の旧約聖書をギリシア語に訳した話も紹介したいと思います。プトレマイオス2世のもとに、七二人のユダヤ人の長老たちがみんな別々の部屋に入って訳したのです。するとその結果、驚くなかれ、その訳が全く同じだったというのです。別々の小さな部屋で、たがいに連絡もとらずに翻訳したにもかかわらず、一字一句その訳が違っていなかった。それはまさに神の霊感を受け祈りつつ訳した、そのユダヤ人の長老たちの大きな信仰的な賜物であろうということを大変評価されています。そのようにしてギリシア語に訳されたセプトゥアギンタ（「七十人訳」）という聖書が、パウロの時代に読まれていました。

このような形で六六巻を、三九七年のカルタゴ会議から代々の教会がこれを正典として大事にしてきたわけです。この六六巻こそ、キリストを証しし、福音を示し、救いを証ししているのです。教会は多くのキリスト教古典の中から特定の数書のみを選び出し結集したが、それを結集させるように迫ったのは聖霊であったということです。人間の力ではない。人間の発想ではないのです。教会が誕生したのも聖霊の働きでしょう。そしてまた、教会の正典として決定したのも聖霊なのです。その六六巻を私たちは今、手に取ることができるわけです。

五　正典である聖書の構想

六六巻各書は独自の主張をもってキリストを証し、福音の真理を示している。どれもキリストを指し示しながら、福音を証ししているわけです。創世記から最後のヨハネの黙示録までずっと繰り返し読んでまいりますと、神の救いの歴史が啓示されていることがわかります。

1　旧約聖書の構想

まずモーセ五書は、創世記・出エジプト記・レビ記・民数記・申命記ですね。次に歴史書があり、ヨブ記・詩篇・箴言・伝道の書・雅歌という諸書があります。最後に預言者イザヤ、エレミヤ、エゼキエルを始め諸預言者たちの預言書があります。その中で、イスラエルの民の育成がモーセ五書において十分に表わされています。神さまはどんなに背いても見捨てない。約束の地に行かせ、彼らをマナで養い、岩から水を出させ、徹頭徹尾彼らを育成します。それがモーセ五書に出ています。そして預言者によってみ言葉を聞いて実践することを示されるわけです。しかしイスラエルの民は律法を守らず、悔い改めず、主の民として失格していきます。

私たちは聖書をどういうふうに読むかというと、過去の出来事が書かれています。初めは旧約聖書においてはイスラエルの歴史、選ばれた民の歴史が記されています。新約聖書にはイエス・キリストのご生涯が記され、次いで教会史が記されて、教会はいかに戦ったか、生きたか、何を大事にしたかということが出ています。そして最後にはヨハネの黙示録で終わっています。過去から未来に亘《わた》って、神の救いの御業が脈々と記されているのがこの旧新約聖書六六巻なのです。それを私たちは現在の位置から、イエス・キリストを通して現わされるところの救いの歴史を読み取ることが求められているのではないかと思います。

2　新約聖書の構想

福音書は子なる神について書かれ、使徒言行録から書簡にいたるまでは聖霊なる神の働きが示されている。そして最後にはヨハネの黙示録があり、父なる神のみ座に皆が集められる新天新地が記されています。この構成は、過去現在未来という順序で考えられたと読み取ることができるのではないでしょうか。

旧約聖書も新約聖書もともに過去・現在・未来という救いの歴史を示しています。ですから、聖書というのはただ、ロマ書は素晴らしいからロマ書一書だけあればいい、というようなものではありません。またマルキオンのように、ルカ福音書は素晴らしいからルカ福音書だけあればいいというのではないのです。この六六巻全体がひとつになって聖書であり、かけがえのない書、正典なのです。他の書とは比べものにならない、唯一の信仰と生活の規範の書です。その書を私たちは大事に読んでいきたいと思います。

イスラエルの人たちはかくも神さまから愛され選ばれて、特別に導きを受けながら、どうして失格していったのか。それが、全体を読むと分かるのですが、最後にはどうなったか、というのがマラキ書に出ています。マラキ書3章14節——

「あなたたちは言っている。『神に仕えることはむなしい。たとえ、その戒めを守っても万軍の主のみ前を　喪に服している人のように歩いても　何の益があろうか。むしろ、我々は高慢な者を幸いと呼ぼう。彼らは悪事を行っても栄え　神を試みても罰を免れているからだ。』」


このようにイスラエルの人たちは、こんなにまで愛されて、祝福され導かれているにもかかわらず、神さまに仕えるのはむなしいと言うのです。1章2節にも——

「わたしはあなたたちを愛してきたと主は言われる。しかし、あなたたちは言う／どのように愛を示してくださったのか、と。エサウはヤコブの兄ではないかと主は言われる。しかし、わたしはヤコブを愛し／エサウを憎んだ。わたしは彼の山を荒廃させ／彼の嗣業を荒れ野のジャッカルのものとした。」

本当にヤコブの末を愛し続けてこられたのです。それなのにイスラエルの人たちは「どんなふうにして自分たちを愛してくれたんだ」と、ふてくされて神さまに突っかかっているのです。こうしてイスラエルは選びの民として失格していきました。

そこで神さまは、最後の手段として独り子主イエス・キリストをこの世におつかわしになり、イエス・キリストを信ずる者たちを新しいイスラエルとしてお選びになったのです。それが私たちなのです。私たちは本当に失格者にならないために、祝福の基として働くために、信仰と生活の規範である聖書に向き合うべきことを求められています。ですから教憲においても、また日本キリスト教団の信仰告白においてもそのことが言われています。イスラエルの人たちのように誤った聖書の読み方を私たちがもししているならば、新しきイスラエルである私たちもまた失格者になり得るのです。

六　正典である聖書の読み方

私はかつてはどういう読み方をしていたのかといいますと、ある意味で聖書は本当に難しいため、つい注解書依存になります。注解書というのはたくさんありますから、いろいろな説があります。あの説、この説、どの説がいいかというと、結局自分が納得いく説をとりあげることになってしまいます。

また、部分的にしか読んでいない、ということもありました。聖書を信仰と生活の規範とするならば、やはり全体を知る。それから文脈を知ることが大事です。私たちは人からお手紙をいただいたときに、一部分しか読まないということはないでしょう。たとえば「ローマの信徒への手紙」、「フィレモンへの手紙」、「フィリピの信徒への手紙」……手紙なら最初から最後まで読むのが当然ではありませんか。小説を読むのにも私たちは始めと終わりしか読まないことはありません。全部読みますよね。福音書はイエスさまのご生涯のことが書いてあるのですから、最初から最後まで読むのが当然です。

それから、自分の状況、たとえば苦しかったら苦しい状況の中でなんとか慰められたい。そのような想いで読むこともありました。そうするとやはり我田引水なのです。また、悩みがある。こういう悩みを解決してくれるみ言葉がないかと一生懸命読んでいると、もちろん聖霊によって導かれ、素晴らしいみ言葉に出会って新しい第一歩を踏み出すということはあります。しかし、そのように自分が理解でき、自分の判断で、自分が慰められるという、いつも自分中心の読み方をすると、非常に部分的な読み方しかしていないということとになります。

私は、聖書を読むときにその計り知れない神さまの救いの御業をもっと読み取りたい、という思いをもちました。そのときに、全国教会婦人会連合十周年の二千人の集まりが青山学院であり、岡村民子先生をお招きして講演を聴く機会がありました。一九七九年五月のことです。岡村先生は、「日本キリスト教団に『旧新約聖書は教会の唯一の正典である』『信仰と生活の誤りなき規範である』と告白しながら、そのように聖書に向き合っていますか？」と私たちに問われました。それからもう一つ、「婦人たちがみ言葉によって自立するということはどういうことなのか」と問われたのです。

み言葉によって自立するということは、私たちの課題でした。当時、教職により社会派的な発言があり、または教会的な発言があり、婦人たちはどっちに聞いたらいいかわからないというような、教職依存的な生き方をしておりましたので、み言葉によって自立するというのはどういうことか、と考えたのです。私自身、つまみ食い的に聖書を読んでおり、自分が納得するような素晴らしいことが書かれているところをテキストにして説教したり、部分的な読み方をしていたことに気づかされました。そして正典として向き合うとはどういうことなのか、ということを教えられました。

そこで日本キリスト教団出版局から出ている岡村民子先生の『正典としての聖書』という本を読みました。また『聖書各巻のかけがえのなさ』という本も出ておりますし、岡村民子著作集（全五巻、新教出版社）も読みました。この先生との出会いを通して、私は次第に聖書をどういうふうに読むかということに導かれていきました。そして、次のような正典としての基礎的な読み方を示されたのです。ぜひ皆さん、こういうことはできますから、やってみていただきたいと思うのです。

a　聖書をあるがままの順序に従って一書を読む。全体を読む。

まず、旧約聖書からお読みになるのもいいと思います。それが大変だと思う人は「マタイによる福音書」から、まず一書を読む。一書を読んで、そこで一番語りたいと思っている事柄は一体何なのか、その主張を読み取ることです。大意ではありません。大意ではなくて、ルカにもマルコにもない、マタイにしかない主張というのは一体何だろうかということを読んでいきます。順番に読んでいくと、だんだんそれが浮き彫りになって出てまいります。「ルカによる福音書」もなくてはならない。「ヨハネによる福音書」も欠くことはできない。この四つの福音書が並べられていることの重要さを知ります。

それからまた並べ方の順序にも驚きます。「マタイによる福音書」では、これは預言が成就したということが、繰り返し語られています。旧約聖書のあとに、今まで語られてきたことが今ここで成就したのだと、マタイは語りたくて語りたくてしょうがない、という想いがよく出ています。

そしてマルコがあって、ルカがある。ルカは使徒言行録も書いています。ルカ福音書と使徒言行録の間にヨハネ福音書があります。ヨハネ福音書では聖霊についてイエスさまが非常に注意深く何度も語っておられます。あなたたちは約束の聖霊をいただく。助け主が来る。真理の御霊が来るのだ。イエス・キリストのお口を通し予告されています。

そして使徒言行録に入り、ペンテコステの日に約束の聖霊を受けて教会時代が始まります。このように順々に読んでいくと、神さまがこの地上における救いをどういう形で導いておられるかがよくわかってきて、驚かざるを得ません。ですから、まずあるがままに順序を踏んで読んでいくということ。全体を読んでいくということです。

b　各自のもっている前提、期待、要求をまずカッコに入れる。

慰められたいとか、いい言葉がないかとか、そのようなことは全部カッコに入れて、「この書は何を語りかけているか」に即して読むということです。私たちはいろいろと疑問があります。なんで神さまは残酷なことをするのだろうか、とか、なんでおかしなことをおっしゃるのだろう、と、いろいろ思います。しかし、文脈を通して読んでいると、神ご自身のご計画、神ご自身のお考えがあってこのように語られているのだということに少しずつ目が開かれていきます。自分中心でなく、神中心に、何を語りかけているのだろう、ということを受け止めていくわけです。

c　聖書の各書が〈神の救いの歴史の中で、この一書が欠けるといったい何が致命的か〉という問いをもって聖霊の導きを仰ぎつつ読む。

たとえば「ユダの手紙」は短いでしょう。説教でもあまり取り上げられません。そのようなユダ書ですが、すごいことが書いてあるのです。もしもこの一書が六六巻の中からなくなったら致命的です。ですから、その当時このユダ書も六六巻の中に入れたというのは非常に意味がある。そのように「この一書が欠けると一体何が致命的か」そういう思いを持ちながら一つ一つの書を読んでいく。そうすると、聖霊の導きをいただきながらそこにおいて福音が、キリストが証しされていることが、だんだんわかってくるのではないでしょうか。

七　聖書に証しされるキリスト

「ローマの信徒への手紙」に触れたいと思います。この書は、これほど見事にイエス・キリストの福音を構造的に展開している書簡はないと言われています。その「ローマの信徒への手紙」を書いたパウロは、まず、イエス・キリストの福音をイスラエルの人たちに、また異邦人に知らせるために順序よく書き記しているのですけれども、一番最初の挨拶にこう言うのです。

「キリスト・イエスの僕、神の福音のために選び出され、召されて使徒となったパウロから、この福音は、神が既に聖書の中で預言者を通して約束されたもので、」と。

「既に聖書の中で」とありますが、ここでいう聖書は旧約聖書のことです。律法、預言書、諸書などと呼ばれている書物を通して約束されたものが福音なのです。突然現れたものではなく、ずっと前から聖書に記されている事柄の、預言者を通して約束されたものだということです。

そしてその聖書には次のことが記されています。3節「御子に関するものです。御子は、肉によればダビデの子孫から生まれ、」――ご承知のように、ダビデの歴史の中であらかじめ神さまのご計画のもとにこのことが起こることを、神は預言者を通して約束されました。それが今や現わされたのです。

この「約束」という言葉ですが、旧約聖書、新約聖書に約束の「約」という言葉が使われているのは契約を意味します。神さまはイスラエルの民と約束された。それをイスラエルの民が破りに破りました。アブラハムとの約束、モーセとの約束、まず最初にはノアとの約束。神さまはいつも約束して決して裏切りませんでした。繰り返し旧約聖書を読みますと、民は裏切りの連続です。裏切りの歴史が記されているわけです。この約束というのは、口だけだったらすぐ変えることができます。しかし、神との契約は口約束ではなく、はっきりとした形で記されており、その契約を書き記したものがこの聖書です。

新約聖書は新しい契約、イエス・キリストによってなされました。最後の晩餐においても、これが新しい契約であるとイエス・キリストはおっしゃいました。この新しい契約をいただいた、そのイエス・キリストについて書かれている聖書ですから、新約聖書と呼ばれ、それまでの聖書が旧約聖書と呼ばれるようになったわけです。したがって、聖書は単なる人生訓を教える書ではなく、また文学書でもない。神さまとの契約、新しい契約が書かれているのが新約聖書です。

1章3節「御子に関するものです。御子は、肉によればダビデの子孫から生まれ、」

これも、約束がここで成就されていることを言っています。人間的に見ればダビデの子孫である。けれども同時に「聖なる霊によれば、死者の中からの復活によって力ある神の子と定められたのです」と両方言っているわけです。あらかじめ神さまが約束された福音というものはダビデの子孫として受肉された方である。神が人となるというのは大変なことです。ダビデの子孫としてこの世においでくださいました。ダビデはイスラエルの代表的な王です。どの人も尊敬している王です。その子孫として選ばれたイスラエルの民からこの独り子イエス・キリストがお生まれになりました。神の契約を破ったイスラエルの民の中から神さまは独り子をお遣わしになったのです。「時満ちるに及んで神は御子を女から生まれさせ、律法のもとに生まれさせお遣わしになった」とガラテヤの信徒への手紙4章4節にあります。大変深い意味があります。

そして一方には、聖なる霊によれば、死者から復活させた御子であるということです。

十字架にかかり、贖罪《しょくざい》の御業をなし、そして復活させ、力ある神の子として定められたことがここで証しされています。この方こそイエス・キリストである。「肉によればダビデの子孫から生まれ、聖なる霊によれば、死者の中からの復活によって力ある神の子と定められたのです。この方が、わたしたちの主イエス・キリストです。」ずっと聖書に証しされているイエス・キリストをここではっきり示しています。

そして5節に「わたしたちはこの方により、その御名《みな》を広めてすべての異邦人を信仰による従順へと導くために、恵みを受けて使徒とされました」と、パウロは、今や自分は異邦人に信仰を伝えるために使徒と選ばれたということをここで宣言しています。この異邦人の中に、イエス・キリストのものとなるように召されたあなたたちもいるのです、というわけです。

今やわたしたちは、遠い日本の国の異邦人ですが、イエス・キリストの福音が伝わり、その異邦人の中からイエス・キリストのものとしていただいたのです。本来なら救いがたい私たちであります。神さまの栄光など決して受けられない私たちであります。それにもかかわらず、独り子イエス・キリストがおいでくださいました。そして、代々の教会、また教会から遣わされた宣教者たちによってこの日本の国に福音が宣べ伝えられ、また聖書が手渡され、自らの目で聖書を読むことができるようになっています。まさに神さまの計り知れない秘められた歴史の中で、着々とその救いの御業が推し進められているということを、私たちは受け止めたいと思います。

その私たちが新しきイスラエルとして失格者にならないように、聖書にどうやって正しく向き合うことができるか。それは、正典として聖書に向き合うことです。信仰と生活の規範が聖書に書かれているのですから、それに向き合う。癒しがたいほど私たちは自我に執着していますけれども、それをまずカッコに入れて、まず、聖書は私たちになんと語りかけているか。それを聞き取る修練、訓練を受けたいと思います。それは自分たちの家でもできることですから、まずそれに向き合っていただきたいと思います。生きている限り、私たちは聖書を読むことができるのですから、そのことを通してもっともっと神さまの大いなる救いの御業を見たいと思います。

ローマの信徒への手紙11章25節を読んでみましょう。

「兄弟たち、自分を賢い者とうぬぼれないように、次のような秘められた計画をぜひ知ってもらいたい。すなわち、一部のイスラエル人がかたくなになったのは、異邦人全体が救いに達するまでであり、こうして全イスラエルが救われるということです。」

いま、どうしてイスラエルの人たちがイエス・キリストの方を向かないのか。それは神さまの秘められたご計画なのです。その中にあってまず異邦人がこのように選ばれている。神さまの測りがたき救いの御業というものを見ていきたいと思います。この11章全体をお読みになると感動します。33節「ああ、神の富と知恵と知識のなんと深いことか。だれが、神の定めを究め尽くし、神の道を理解し尽くせよう。『いったいだれが主の心を知っていたであろうか。だれが主の相談相手であっただろうか。だれがまず主に与えて、その報いを受けるであろうか。』すべてのものは、神から出て、神によって保たれ、神に向かっているのです。栄光が神に永遠にありますように、アーメン。」わたしたちは自分を決して賢い者と思ってはならないです。ですからいつも求道的でありたいと思います。

聖書を読むと、神さまの計り知れない知恵、導きに圧倒されるのではないでしょうか。最後にエフェソ書3章14節~21節を読んで終わりたいと思います。

「こういうわけで、わたしは御父《おんちち》の前にひざまずいて祈ります。御父から、天と地にあるすべての家族がその名を与えられています。どうか、御父が、その豊かな栄光に従い、その霊により、力をもってあなたがたの内なる人を強めて、信仰によってあなたがたの心の内にキリストを住まわせ、あなたがたを愛に根ざし、愛にしっかりと立つ者としてくださるように。また、あなたがたがすべての聖なる者たちと共に、キリストの愛の広さ、長さ、高さ、深さがどれほどであるかを理解し、人の知識をはるかに超えるこの愛を知るようになり、そしてついには、神の満ちあふれる豊かさのすべてにあずかり、それによって満たされるように。」

私たちはこのような思いで聖書に向き合いながら、生ける限りキリストの愛の深さ、高さ、広さを受け止めていきたいと思います。そのことを通して、私たちは証し人としてこの世に遣わされていくということを思わざるを得ません。深いその恵みの中に私たちは今置かれているということをいつも自覚しながら、聖書に向き合っていきたいと思います。

（二〇〇四年八月一八日　日本アライアンス教団宮島聖会における講演）

説教

古きは過ぎ去り、見よ、新しく（コリントの信徒への手紙二 5章17〜19節）

神の御心ならば（使徒言行録18章12〜23節）

再臨と神の忍耐（ペトロの手紙二 3章1〜9節）

古きは過ぎ去り、見よ、新しく

コリントの信徒への手紙二 5章17〜19節

老年になると過去をふり返り、思い出を語りやすい。つらい思い出、楽しい思い出がその年輪に数多く刻まれている。したがって熟年の人たちは、しばしば同級会を開いて再会を楽しみ、近況報告と共に昔の思い出に花を咲かせる。しかし四六時中「昔はこうだった」と同じ話を繰り返し聞かされる側にとっては、たまったものではない。

コヘレトの言葉に、「昔の方がよかったのはなぜだろうかと言うな。それは賢い問いではない」（7・10）とある。

昔も今も、長い人生を歩んできた者は、「昔の方がよかったのはなぜだろう」と、懐古趣味に陥る。なぜなのだろう。おそらく老齢期になると、肉体的にも精神的にも衰退していく。そのため、現実を受け入れにくくなり、過去に慰めを求めていくからかもしれない。

誰もが加齢と共に、判断力が鈍くなり、行動範囲は狭くなる。否応なしに思考することも新しいものではなく、過去に得たものにとどまる。それも日毎にそぎとられながら。その中で重い病気や思いもよらぬ天災人災に遭遇すると、生きる希望を失いがちになる。キリスト者であっても同じような目に遭うならば、はたして前向きに艱難《かんなん》に挑戦して生きられるであろうか。難問である。

ところが、肉体的に弱り、艱難の極限に置かれたパウロは、艱難に比例して主の慰めの大きいことを、コリントの信徒への手紙二で語っている。どうしてかくも前向きに生きられるのか。その根拠が、コリントの信徒への手紙二全体に語られているが、次の言葉からも示される。

「キリストと結ばれる人はだれでも、新しく創造された者なのです。古いものは過ぎ去り、新しいものが生じた」(5・17)。

このみ言葉は、特に老人に向けて語られたものではない。しかし懐古的になりがちな老年期に、「キリストと結ばれる人はだれでも、新しく創造された者なのです」という驚くべき事柄に目を向けさせられる。

老年期であろうとなかろうと〈キリストと結ばれる者〉であるならば、すなわち〈キリストにあって〉生活している信仰者は、キリストご自身によって新しい創造が引き起こされている。

では〈新しく創造された〉とは、どういうことなのか。そもそも人間は、天地創造の時に「神は御自分にかたどって……創造された」（創世記1・27）のである。しかし〈神に似せて造られた〉人間は、神に背き、その人生は罪と死に閉じこめられたものになってしまった。その罪と死の縄目を取り除くために、神はその独り子なるイエス・キリストをこの世に降し、十字架の死によって罪を贖《あがな》われた。さらに主イエスの復活は、私たちに新しい命を与え、私たちの復活の初穂となられた。これがキリストによる〈新しい創造〉である。創世記に書いてある天地創造の人間の堕罪に対して、キリストによる〈新しい創造〉が引き起こされたのである。

ところが、キリストによるこの〈新しい創造〉、すなわち救いの大いなる出来事は、信じなければ始まらないのである。そこで聖書は、キリストを信じ、水と霊とによってバプテスマを受ける者にこそ、〈新しい創造〉があることを一貫して告げる。

一つの例として、イエス・キリストのもとを訪ねてきたニコデモとの問答をあげることができる。ニコデモは、「ファリサイ派に属する者」「ユダヤ人たちの議員」であり、「イスラエルの教師」と呼ばれている人である。

ヨハネによる福音書3章によれば、ニコデモは、イエスが神のもとから来られた教師であること、これほどのしるしは、神が共におられるからこそ行える奇跡であることに賛辞を呈して、夜密かに主イエスに接近してきたのである。しかし、主イエスは人の心を見抜かれる。そして主イエスに対して、自分自身を委《ゆだ》ねず信じない者を、主は「はっきり言っておく。人は、新たに生まれなければ、神の国を見ることはできない」と言われる。するとニコデモは「年をとった者が、どうして生まれることができるでしょう」と。それに対して「だれでも水と霊とによって生まれなければ、神の国に入ることはできない」と主イエスはきっぱり語る。

ニコデモは老人である。しかし主は老人でも〈新たに生まれる〉ことは、キリストを信じることによって引き起こされることを教える。〈新たに生まれる〉ことは、〈神の国に入る〉ことと〈永遠の生命〉を得ることと同じ内容をもつ。それらは、キリストを信じることによって与えられるのである。

ところが、ニコデモはそれを受け入れなかった。主イエスから、「あなたは……こんなことが分からないのか。……わたしたちは知っていることを語り、見たことを証ししているのに、あなたがたは受け入れない。……天上のことを話したところで、どうして信じるだろう」（3・10〜14）と言われてしまう。

したがって、〈キリストを信じる〉ことなしには〈新たに生まれること〉、すなわち〈新しい創造〉は起こらない。ニコデモのように律法や聖書に通じている教師であっても、信じなければ何にもならないのである。

そのことを考えると、生きているうちに、キリストの救いのみわざを信じてバプテスマを受けたことは、特別な恵みとしか言えない。信仰をもつことは、まさに神の一方的なみわざであって、人のわざではない。

老人であろうと若人であろうと、生涯悪事を働いた人であろうと高慢な人であろうと、キリストを信じ、ひとたびバプテスマを受けてキリストの体なる教会に結びつけられた者は、だれでも日毎に神の言葉と神の霊に生かされて、新しい人生が始まる。自分のことしか考えぬ自己中心の者も、この自分のために死をもって無償で救ってくださった神の愛を受けとめる時、神が愛される世界と人々に目を向けるようになっていく。狭い自分の世界しか見えず、生活の不安、老後の心配、死の恐怖、人間関係に恨みつらみ、憎しみすら持っている者も、キリストを信じていく中で、新しい世界へと導き出されるのである。

「瞬《まばた》きの詩人」と呼ばれる水野源三氏は、たくさんのすぐれた信仰の詩を作った。その中でも心に残る詩がある（「キリストのみ愛に触れたその時に」『こんな美しい朝に』）。

キリストのみ愛に触れたその時に
キリストのみ愛に触れたその時に
私の心は変わりました
憎しみも恨みも
霧のように消えさりました
……

悲しみも不安も
雲のように消えさりました
……
喜びと希望の
朝の光がさして来ました

水野源三氏は九歳の時に脳性麻痺になり、〈見ること聞くこと〉以外は、話すことも歩くことも手を動かすこともできなくなってしまった。すべての機能が麻痺してしまった真暗闇に閉じこめられた中で、一二歳の時に、宮尾隆邦牧師の導きを通してキリストと結ばれたのである。そして詩作を通して、〈キリストと結ばれる人はだれでも、新しく創造された者です〉という新しい創造の喜びを讃美しつづけて、天に召された詩人である。

彼の信仰の詩を通して、いかに多くの人がキリストに導かれ、希望と喜びを与えられたか分からない。実際にキリストの愛にふれた時、〈新しい創造〉が引き起こされる。

この〈新しく創造された者〉の〈新しいカイノス〉とは、古くならない新しいことを意味する。新約聖書において〈新しい〉という言葉は二通りあるが、一つはネオス、もう一つはカイノスである。

ネオスは、品質的に「新しい、若い、新鮮な」という言葉だが、時間が過ぎると成熟する一方、古く老化することもある新しさだ。ところが、ここで使われているカイノスという言葉は、ネオスよりも、今までになかった全く新しい教え（マルコ1・27）、新しい掟（ヨハネ13・34）のように、古びないものを意味する。

したがってキリストにある〈新しい創造〉とは、今までにない一新する創造が、キリストの霊によって引き起こされて、古びることがない。単なる改造とは違う。イエス・キリストの復活によって新しい命をいただき、根本から新しくされることである。本来、老化し朽ちるべき無に帰する私たちである。また依然として誘惑にさらされ、弱さの中にあって「なんと惨めな人間でしょう」と慨嘆する私たちの日常である。

それにもかかわらず、キリストによる〈新しい創造〉という大きな転換が、洗礼を受けた時に起こっているのである（ローマ6・4以下）。ところで、そこには〈信じる〉ことと共に、どうしてもなされなければならないことがある。それは〈古いものは過ぎ去る〉ということだ。

この世の価値あるもの、地位、人間関係、栄誉……すべては過ぎ去る。しかし、そのことを分かっていながらも、しがみつき捨てきれずにいる私たちである。信仰者といえども、過ぎ去るものに執着しているのではないか。

聖書（新共同訳）は「古いものは過ぎ去り、新しいものが生じた。これらはすべて神から出ることである」。口語訳聖書は「古いものは過ぎ去った、見よ、すべてが新しくなったのである。しかし、すべてこれらの事は、神から出ている」とある。

このことから、私たちは古いものに執着してはならない。古いものを整理していくようにこの世の価値観を捨てて、キリストによって新しくされたのであるから、新しい生活に向かっていくことをうながされている。

老年期になると、住みなれた環境から離れて老人養護施設や病院、あるいは息子や娘の家族と共に住むため、新しい生活を始めなければならない場合がある。その時こそ、私たちは「古きは過ぎ去り、見よ、すべてが新しくなっている」キリストにある人生を受けとり直していくことができるのではないか。

私は四七年間、住みなれた静岡の地から千葉市の娘たちの近くに越した。これまで長年牧会してきた教会のことは、教会の主であるキリストと新任の牧師にいっさいお委ねした。〈古いものは過ぎ去り、新しいものが生じた〉その主のお働きに、目を注がせられている。それは新しい環境に移っても、キリストの体なる教会につらなっているからできるのである。毎週の礼拝と祈祷会を通して、御言葉と御霊《みたま》は〈古いものは過ぎ去る〉からこそ、日ごとに新しくされることを教えてくれる。感謝である。完全に〈新しくなる〉終末に希望をもちながら、前向きに生きられる。また老いるにつれ、忘れやすくなり、体力、能力に自信を失い、自分自身を信頼することができなくなる。そのために、謙虚にされ、若い頃よりも全知全能なる神への信頼が深まるのではないだろうか。

とかく神信頼と自己信頼との癒着の中にいる曖昧な信仰の私たちである。その中途半端な曖昧さを打ち砕くかのように、〈老い〉は、「自分自身を頼みとしないで、死人をよみがえらせて下さる神を頼みとするに至った」（1・9、口語訳）信仰へ導いてくれる。そして「わたし自身については、自分の弱さ以外には誇ることをすまい」、「わたしが弱い時にこそ、わたしは強いからである」（12・5、10、口語訳）。この告白のように、老いて弱さを知れば知るほど、キリストと結ばれている者は、神信頼への強さへと導かれるのではなかろうか。その上に神信頼を厚くする者は、さらに和解の福音のために奉仕するように導かれるのである。

「神は、キリストを通してわたしたちを御自分と和解させ、また、和解のために奉仕する任務をわたしたちにお授けになりました」(5・18)。

パウロが使徒として和解の福音のために奉仕する任務を与えられたように、私たちキリスト者すべてを、和解の福音の〈証し人〉として、主はお用いになるのである。

〈和解〉とは、取り換える、交換する、という意味をもつ。私たちの上にあった〈罪〉を、イエス・キリストの上に。イエス・キリストのものである〈義〉が私たちのものになる。その〈交換〉こそ和解にほかならない。このようにキリスト者は、罪から義へ、交換していただいている。その和解の福音の証し人として、どの人も召されているのである。

和解の福音の〈証し人〉は、宣教者だけではない。キリストの教会につらなる一人一人に和解の福音は委ねられている。

「つまり、神はキリストによって世を御自分と和解させ、人々の罪の責任を問うことなく、和解の言葉をわたしたちにゆだねられたのです」(5・19)。

もし、そのことができないと言うならば、それは私たちの不信仰からきているのではなかろうか。若かった頃には教会の奉仕ができたが、今は何もできなくなったと嘆く年配者がおられる。しかし嘆く必要はない。白髪《はくはつ》になるまで生涯、キリストの体なる教会につらなり、御言葉と御霊によって、日毎に新しく生かされていることこそが大きな証しである。たとえ具合が悪くなっても、死に至るまでキリストの教会に結びつけられているキリスト者でありつづけることが重要である。

神は、〈和解の言葉〉を私たちに委ねておられる。そのことをキリスト者一人一人が真実に受けとめているであろうか。神は私たちを選び生かす限り、和解の福音のためにお遣わしになるのだ。キリスト者を言葉や行為だけでなく、全存在をもって、多様な在り方でお用いになる。その時、相変わらず、人間のわざや力にとらわれているならば、見えるものしか見ていない世間の人々と同じである。また、過去にとらわれているならば、キリストによる〈新しい創造〉は色あせてくる。

今こそ、神がキリストによってなされた完璧な救いのみわざに目をそそぎたい。天地創造以来の人類の歴史の中で、いま、私たちはキリストと結ばれて〈新しく創造された者〉となり、和解の福音が委ねられていることを。

この世界には、教会につらなるキリスト者を通して、和解の福音が伝えられているのだ。

生きているときに、和解の福音を信じることのできた恵みを感謝したい。
新しい朝ごとに、〈古きは過ぎ去り、見よ、すべてが新しくなった〉神のみわざを仰ぎ見る讃美の老年期に、私たちは導かれているのだ。

（日本キリスト教団出版局刊「希望の旅路――聖書に聴く『老い』」より）

神の御心ならば

使徒言行録18章12〜23節

私たちの人生には思いがけないことがしばしば起こります。意外性があるから人生は面白いと言う方もおりますけれども、不慮の事故や思いがけない大病や、大地震などの災難に会うときに、私たちは、どこに神さまの御心があるのかと戸惑うことが多いのではないかと思います。

キリスト者はよく、「これは御心ではないでしょうか」と話します。本当に御心というものを信頼しているときにはそういうことを言えると思うのですが、安易に言えることではありません。自分の怠惰や失敗や過失を棚に上げて、結果として悪くなったときに、「これは御心なんだ」と、安易に自分の責任を回避したり、またはあきらめに似たような思いでその言葉を使っているならば問題であります。

今日は正しい意味で、私たちの人生において「神の御心ならば」と思うにはどういうことが一番大事なのかということをお話ししたいと思います。

一つは、神の言葉への絶対信頼です。聖書に書かれている神の約束、神の言葉への絶対信頼があって初めて、私たちは「これは御心だ」ということがいささかでもわかるのではないかと思います。神の御心というのは本当に計り知れません。人間の浅い狭い知恵や信仰では捉えることのできない深い、広い、高い、大きな御心です。それをどのようにとらえたらいいのでしょうか。それは聖書を通し、毎回の礼拝説教、祈祷会の聖書研究を通してみ言葉に導かれていくことです。「聖書に書いてあることは真実であり、その約束は必ず果たされる」という信頼を持ちながら「これは御心なのではないか」と問い続けることができるのではないでしょうか。

今まで使徒言行録を学んで導かれてきました。16章でパウロは、アジア州で伝道したい。

しかし、行けども行けども伝道できない。そういう時に、「さて彼らはアジア州で御言葉を語ることを禁じられたので、……ガラテヤ地方を通って行った」とあります。16章6節で、「聖霊が語ることを禁じておられる」。そういうことも起こり得るのです。伝道することが御心だと確信を持ちながらアジア州を伝道していたのですが、そこでは禁じられました。しかし、夜、パウロはマケドニア人が「すぐ渡って来てわたしたちを助けてください」と言う幻を見て、すぐに彼らはヨーロッパに渡ったのです。このようにみ言葉に信頼しているときに、人間的な考えではもっとそこにとどまって伝道したかったでしょうけれど、立ちふさがれてにっちもさっちも行けないような状況になり、そのときに「ヨーロッパに行きなさい」という導きがありました。そこでヨーロッパに渡りフィリピ、アテネ、コリントへと行きました。コリントにおいて妨害に遭いました。しかし、神はパウロに言われました。「恐れるな。語り続けよ。黙っているな。わたしがあなたと共にいる。この町には、わたしの民が大勢いるからだ。」その主の言葉を信じて、パウロは何があろうと、コリントに一年六カ月とどまりました。いつも主の言葉に信頼し、そこに御心があると確信しているからです。

もう一つは、日本の社会においても世界中においても、いろいろな事件が起こり、さまざまな問題がある。でもその地上の歴史の背後に、神さまの救いの歴史が着々となされている。それに対する信仰です。

12節「ガリオンがアカイア州の地方総督であったときのことである。ユダヤ人たちが一団となってパウロを襲い、法廷に引き立てて行って、『この男は、律法に違反するようなしかたで神をあがめるようにと、人々を唆《そそのか》しております』と言った。」このようにユダヤ人たちが一団となってパウロを妨害しようとしました。今度は一番権威のあるアカイア州の地方総督であったガリオンのところに連れてきて、法廷で裁判をしてほしいと訴えたわけです。パウロが、あのモーセ五書に書かれている細かい礼拝の仕方で神様を礼拝することよりも、イエス・キリストが一切のわれわれの罪を贖ってくださった。あの一回かぎりの主の贖いの死によってわれわれは救われている。律法を超えたところの信仰によって救われる、その救いの恵みを語ることをユダヤ人は批判しているわけです。

ガリオンがアカイア州の地方総督であったということは、まさに神さまの歴史支配のなかにおかれている、ということを想わざるを得ません。このガリオンという人はその当時の哲学者で有名なセネカのお兄さんで、このセネカはローマ皇帝の教育者として宮廷に招かれるような優れた哲学者です。そのお兄さんですから、やはり優れた人であったことがわかります。コリントの町にそのガリオンがいたことの碑文が石に残っています。五一年から五二年にかけて二年間、この地の地方総督であったとはっきり書いてあります。そういうローマ帝国の歴史の中に刻まれているその時代に、パウロは明らかにコリントに滞在し、コリントで伝道したということが歴史的にも保証されています。

このガリオンは、政教分離の姿勢をはっきりと示しました。ローマ帝国が植民地を支配しているときに、彼らの持っている文化、彼らの持っている宗教を公認したわけです。すべての宗教を公認したわけではありませんけれども、特に根強いユダヤ教は公認された宗教でした。ですから散らされた民であるユダヤ人は、バビロンの捕囚以来散らされていたわけですけれども、あちこちでシナゴーグ（会堂）を作っていました。

ここで彼らの訴えに対してパウロはただちに話し始めようとしました（14節）。パウロはここでもはっきりと「恐れるな。黙っているな。語り続けよ。わたしはあなたと共にいる」というみ言葉を受け止めていますから、どんな抵抗があっても、どんな妨害があっても語り続けようとしました。そして、ガリオンがはっきり言いました。「ユダヤ人諸君、これが不正な行為とか悪質な犯罪とかであるならば、当然諸君の訴えを受理するが、問題が教えとか名称とか諸君の律法に関するものならば、自分たちで解決するがよい。」公認宗教に対しては干渉しないという態度をとっていました。今で言う政教分離の姿勢をローマ帝国はとっていたわけです。ですから彼は、「あなたたちの宗教問題、あなたたちの律法問題ではないか。礼拝のあり方など、宗教的な内容に関しては自分は審判者になるつもりはない」ときっぱりと断りました。「そして、彼らを法廷から追い出した。」

不思議なことに、このローマ帝国がユダヤ教を公認宗教として認めたゆえに、その中にあって、ペンテコステ以来イエス・キリストを信じる人たちの仲間により、まず三千人の教会が生まれ、そして各地にイエス・キリストの福音が伝わったわけです。コリントにおいては五一年、五二年に福音が伝えられ、そして六四年にあのネロ皇帝の大迫害が起こります。考えてみますと、イエス・キリストが十字架にかかられて復活、昇天され、五旬節にペンテコステ、聖霊降臨が起こり、教会が生まれました。本当にわずか三四年くらいの期間に、イエス・キリストの福音が伝わったのです。その三四年ほどの間に、単なるご利益宗教ではない、イエス・キリストを贖い主とする十字架の信仰、そして復活の命にあずかる信仰、再び来たり給う主を待ち望む信仰、その福音の大事なものが培われ、あの長い間続いた迫害にも耐えて、イエス・キリストの福音信仰は根付いていきました。そういう意味でわたしたちは、目に見える世界ではいろいろなことがあるけれども、長いご計画をもってその背後に働き給う神さまが、教会を、またキリスト者を導いておられるということを知るのです。

パウロは、ここでは黙っていました。神さまの歴史支配、そしてこのガリオンを用いておられることを信じていたに違いありません。「すると、群衆は会堂長のソステネを捕まえて、法廷の前で殴りつけた。」おそらくパウロはこの会堂で毎回礼拝をして宣教をしていたでありましょう。ですから会堂長のソステネはクリスチャンになっていたかもしれません。まずソステネが捕まえられて法廷の前で殴りつけられた。「しかし、ガリオンはそれに全く心を留めなかった。」上っ面だけ読んでいると、ガリオンというのは卑怯な人なのかと思うかもしれませんが、政教分離の姿勢をあくまで貫いたということをここで見ることができるのではないかと思います。

そして「パウロはなおしばらくの間ここに滞在したが、やがて兄弟たちに別れを告げて、船でシリア州へ旅立った」。コリントの町で一生懸命伝道しましたけれども、今度はヨーロッパの世界からシリア州へ行きます。その当時はカイザリアもアンテオケもエルサレムも、全部大きくシリア州と言っていました。

「パウロは誓願を立てていたので、ケンクレアイで髪を切った」とあります。ケンクレアイというのはコリントから十一キロメートル離れたところです。そこでパウロは、シリア州に向かう前に髪を切った、とあります。「誓願を立てて」というのは、民数記6章を見ると、ナジル人の誓願について書いてあります。特別の誓願を立ててナジル人になった人は、濃い酒を飲まない。ぶどう酒を断つ。それから誓願を立てた期間の満ちる日まで髪の毛を切らない、といった規則がそこに書かれています。パウロも誓願を立てていました。何の誓願を立てていたのだろうか。それについてここでは何も語っていませんから、想像する以外ありません。おそらくあのコリントの都で、また港町で福音を伝えるというのは、大変な覚悟で行っただろうと思います。コリント第一の手紙、第二の手紙を読むとよくわかります。偶像礼拝をしている人たちがおり、道徳的な非行が起こっている。そのような町です。ですから、コリント伝道のために誓願を立てていたのではないかということも想像できます。

私はそのケンクレアイの港に一九九〇年に訪れたのですが、地盤沈下というのですか、海がずっと寄せられて、一世紀から五世紀まで建っていたというキリスト教会が水面下にありました。潮が引いたときにそれが見えるのです。一九六三年に海底考古学者が、そこに会堂があったということを発見しました。そこを訪れて、ここがパウロが誓願を立てて髪を切った場所だということを思いました。

また、ケンクレアイの教会にいた婦人の執事、役員のことを少し紹介したいと思います。ローマの信徒への手紙16章1節に書いてあります。「ケンクレアイの教会の奉仕者でもある、わたしたちの姉妹フェベを紹介します。どうか、聖なる者たちにふさわしく、また、主に結ばれている者らしく彼女を迎え入れ、あなたがたの助けを必要とするなら、どんなことでも助けてあげてください。彼女は多くの人々の援助者、特にわたしの援助者です。」このケンクレアイの教会の奉仕者、昔の口語訳の聖書では「執事」と書いてあります。ケンクレアイの教会には、パウロの時代にすでに女性の奉仕者「執事」がいて、フェベは多くの人々の援助者であり、特にパウロの援助者であったのです。

そのケンクレアイでパウロは誓願を立てていたので髪を切りました。そしてエーゲ海を渡ってエフェソに着いたのです。今のトルコ領です。「一行がエフェソに到着したとき、パウロは二人をそこに残して自分だけ会堂に入り、ユダヤ人と論じ合った。人々はもうしばらく滞在するように願ったが、パウロはそれを断り、『神の御心ならば、また戻って来ます』と言って別れを告げ……、船出した」。ここでは、エフェソの人たちはパウロを非常に歓待して、もうしばらく滞在するように願いました。パウロ自身も居心地がよかったでしょう。でも、それを断りました。パウロはいつも、どの行動に対しても自分中心ではないです。神の御心がどこにあるのかということを思いながら行動しています。この時は、早くエルサレムに行く。そしてエルサレムの貧しいキリスト者たちを援助する。そういう大きな仕事が待っていました。ですから、そのことのほうが大事だということを考えてエフェソから船出し、「カイザリアに到着して教会に挨拶するためにエルサレムに上りアンティオキアに下った」（22節）という行動をとったわけです。

時には私たちは、計画を変更しなければならないことがあります。いつも、ランダー先生たちのことを思います。先生は、二〇一一年東日本被災地復興のため尽力され、ライフセンターを設立。その翌年、ランダー夫人の末期癌治療のために帰国されました。私たちの人間的な思いでは、最後まであの石巻ニューライフセンターで働いていただきたいという気持ちがありました。先生ご自身も、まさか一年早く退職なさるとは計画の中になかったと思うのです。でも、その中で御心を問いつつ、この四月に帰国され、退職されました。どこに御心があるか、私たちにはわかりません。イエス・キリストもゲッセマネの園で祈りました。「御心ならば、この杯を取り除いてください。しかしわたしの願いではなく、御心のままになさってください」と、汗が血のしたたるように地面に落ちるほど熱心に祈られて御心を求められました。そのように、御心を知るということはすごい格闘だと思うのです。

フォーサイスの『祈りの精神』（斎藤剛毅訳、ヨルダン社、二〇〇一年）という本がありますが、その中に「粘り強い祈り」という項目があります。キリスト者の祈りでは最後に「御心のままになさってください」と祈るけれども、それを最初に持ってきてはいけない、と書いてあります。キリストは、あのやもめが裁判官に訴えたように、粘り強く祈り求めることが大事だと教えておられます。祈りもしないで「これが御心なんでしょう」と言うときには、本当の十字架の力も、本当の救いの力もあまり味わえないままに、浅薄に受け止めてしまうことがあるのではないかと、フォーサイスは書いています。聖書をただ読んで、黙ってあきらめてしまう。そういうことがキリスト者の中にあるのではないか。もっと熱く、粘り強く祈り求めていくときに本当に聖書に示されている救いの力、神の愛、その御心の深さ、広さ、高さ、長さを受け止めていけるということではないでしょうか。

私の夫が、ガンが再発して悪くなったとき、そのときでも最悪の場合と最良の場合の両方を考えていく、ということを言いました。本当にどこに御心があるのか、それを求めながら、いつも最悪の場合と最良の場合を踏まえ、み言葉に信頼しながら日々生きることが大事だと示してくれました。本当にみ言葉にその都度養われ、導かれていたことを思います。

ですからまず、神のみ言葉への絶対信頼が必要です。神さまがこの歴史の背後に、また私たちの人生の背後に、見えない大きな救いのご計画をもって導いておられる。そのことを信頼しながら、日ごとに新たに導かれていく。そして熱心に祈り求めていくことです。私たちは自分中心に物事を考えがちですけれども、それと闘うことを通して、御心がもっと深いところに示されていくことを覚えたいと思います。

（二〇一二年六月一七日　日本アライアンス教団千葉キリスト教会礼拝説教）

再臨と神の忍耐

ペトロの手紙二 3章1〜9節

教会は、イエス・キリストの十字架・復活・昇天後、お約束どおり聖霊が降り、新しくキリスト教会がこの地上に生まれました。それ以後今日まで、教会はさまざまな異端や、ちがった教えに対して闘ってきました。何を基準にして闘ったかというと、み言葉を基準にして闘ってきたのです。今では聖書を規範として教会は立っていますが、初代教会においては聖書はまだこのように結集されていませんでしたから、預言者たちが語っている言葉、またイエス・キリストの弟子たちが語った言葉、またもちろんイエス・キリストご自身がお語りになった言葉、その事柄を大事にしながら、間違った教えと闘ってきたのです。

このペトロの第二の手紙が書かれた時代には、イエス・キリストを知っている者たちや十二弟子の教えを直接聞いている者たち、またパウロの書簡をよく読んでいる者たち、そういう者たちの二代目、二世たちがキリスト教会のメンバーでした。そしてそのキリスト教会の中に、ひそかに偽《にせ》教師が現れて、「あのイエス・キリストの贖《あがな》いは果たして我々の罪を贖ったものだろうか」「イエス・キリストという方はわたしたちと同じように肉体を持ってこられた方ではなく、霊的に存在された方ではないか」など、さまざまな考えを述べる人たちが教会に入ってきたのです。そこでペトロは、人々が動揺しないように、まことに正しいイエス・キリストを告白し続けることができるように願って、第一の手紙と第二の手紙を書きました。

一番大事なのはイエス・キリストを正しく知ることだと、ペトロは第二の手紙1章2章で繰り返し語りました。その次に、イエス・キリストは「わたしは再び来る」とおっしゃった、その再臨をしかと受け止め、かならず終わりの日が来るということを信じ続けて主をお待ちする、その信仰がとても大事だということを、このペトロの手紙二の3章において語ります。

3章の1節をご覧ください。「愛する人たち、わたしはあなたがたに二度目の手紙を書いていますが、それは、これらの手紙によってあなたがたの記憶を呼び起こして、純真な心を奮い立たせたいからです。」

二度目の手紙を書いたその理由はあなたがたの記憶を呼び起こしたい、ということです。「あなたがたの記憶」とは、どういう記憶でしょう。それはイエス・キリストに出会ったときの原点、イエス・キリストを知ったときの原点です。皆さんの証《あか》しを聴くときに、あのときがあの方の信仰の原点であるとわかることがあります。けれどもCSの生徒や、小さいときから教会にずっと来ていた人たちは、自然とイエス・キリストのみ言葉が入ってくるので、ここが原点、ここが出会いだということがはっきり言えないこともあるかもしれません。でも、人生のその都度その都度を思い起こすならば、かならず、イエス・キリストに出会うことができた、またみ言葉に出会うことができた、そういう原点があるはずです。また、自分の人生において何が自分を今ここに立たせているのか、そのもとになるのは一体何なのか、そういうことを思い起こすことがとても大事です。

ペトロが「教会に来ている人たちにはこのことをどうしても思い起こしてほしい、そのためにこの手紙を書いている」と記しているのは、2節「聖なる預言者たちがかつて語った言葉と、あなたがたの使徒たちが伝えた、主であり救い主である方の掟《おきて》を思い出してもらうためです。」すなわち、預言者たちが語っていること、また使徒たちから教えられていること、それはすなわちイエス・キリストの愛の掟です。これをしっかり思い起こしてほしい。そこに立ったときに、信仰的に揺らぐことが少なくなります。そこにしっかりと立たないと、人の言うことや世間の状況などで揺らぎます。

いつでも聖書に立ち返り、聖書が私たちの信仰と生活の誤りなき規範であるという、そこに立つときに、私たちはいたずらに動揺することがなくなります。

3節に「まず、次のことを知っていなさい」とあります。「終わりの時には、欲望の赴《おもむ》くままに生活してあざける者たちが現れ、あざけって、こう言います。『主が来るという約束は、いったいどうなったのだ。父たちが死んでこのかた、世の中のことは、天地創造の初めから何一つ変わらないではないか。』」

このようにキリスト者を揶揄《やゆ》する人たちが出て来るのです。多くの人たちは自分の欲、自分の願いを中心にしながら生きています。ですからこの偽教師たちも、欲望の赴くままに生活してあざける者たち、自分の欲望を規範にして生きる人たちです。そういう人たちが教会の中に入ってきてキリスト者たちをあざけります。

イエス・キリストが再びおいでになるとおっしゃった。父たちはそれを信じて待っていた。その父たちは死んでしまった。今、二世の時代になっても、自分たちの生きている間には主は来られない。そして世の中は一つも変わっていないではないか。このように批判するわけです。

ところで、イエス・キリストが伝道を始められた第一声は「神の国は近づいた。悔い改めて福音を信じなさい」でした。「時が来た」「神の国が近づいた」そして人々に「悔い改めて福音を信じなさい」とおっしゃって、イエス様ご自身が、神の国がもう始まっているのだということをお示しになりました。生まれつき目が見えない者、生まれつき体の不自由な者、医者に行っても治らないような病の人たちを次々にお癒しになりました。どうやっても立ち上がれない者たち、自分を変えることのできない者たちを、イエス・キリストは愛し続けてその人たちの生き方を変えました。本当にイエス・キリストの周りは、神の国が近づいた、神の国が始まったと思える状況の中に置かれました。イエス・キリストを通して初めて、敵を愛する、敵を許す、愛し合って生きるという、神を中心とする平和な世界が少しずつ見えてきたのです。

しかし、当時の宗教的指導者たちはイエス・キリストを十字架にかけて殺してしまいました。ところがその後、弟子たちは聖霊をいただいてキリストの教会が生まれました。その教会はじわじわと大きく広がってきました。けれどもただちに世界の隅々まで神の国が満ち満ちているという状況ではありません。相変わらずローマの為政者によって支配されている。そこでつまずく者たちが増えてきました。偽教師たちににそそのかされて、キリスト教会の中にも不安に悩まされる人たちが起こってきたのです。

「主が来られる」という約束は一体どうなのだ。そう突きつけられると、どう対処したらいいのか。今も私たちは、ノンクリスチャンの方々の中で生活しています。その中で「本当に神さまがいるのか」「なぜそんなに他人のために一生懸命奉仕するのか」とあざ笑う人たちがいます。そのように言われたり、批判されたりしたときに私たちはどう答えたらいいのでしょうか。ここで聖書は、神の言葉は変わることがない。神の約束は必ず成就する。そのことをもって向き合うことを勧めています。

私が若いころに、亀井勝一郎（一九〇七〜一九六六年）という大変すぐれた思想家、評論家がおりました。その亀井氏が若いころマルキシズムに走って、無神論を唱えました。そのことを憂えたキリスト者の親しい友人が彼に自分の経験を語りました。しかし亀井氏は理路整然と「神の存在しない理由」を組み立てて雄弁にその友人に話しました。キリスト者の友人が沈黙しているのを見て、亀井氏は「勝った」と思った瞬間、その友人は「あるものはある」と言って旧新約聖書をそこに置き、「ここにすべて証明されている」と言ったときに、亀井氏はたじろいだということです。

み言葉に堅く立つ者の確信と体験は、人のあなどりや批判に揺らぎません。「在りて在る」神はみ言葉をもって存在し、天地創造以来、救いの御手を差し伸べておられるのです。

3章5節から7節「彼らがそのように言うのは、次のことを認めようとしないからです。すなわち、天は大昔から存在し、地は神の言葉によって水を元として、また水によってできたのですが、当時の世界は、その水によって洪水に押し流されて滅んでしまいました。しかし、現在の天と地とは、火で滅ぼされるために、同じみ言葉によって取っておかれ、不信心な者たちが裁かれて滅ぼされる日まで、そのままにしておかれるのです。」

何を語ろうとしているのか。それは主なる神はみ言葉をもって天地を創造され、み言葉をもって滅ぼすことをされるのです。創世記の一番最初を読みますと、「光あれ」という神の言葉によって、この世界に光があった。ヨハネによる福音書1章1節には「初めに言《ことば》があった。言《ことば》は神と共にあった。言《ことば》は神であった。」そしてまた「万物は言《ことば》によって成った。成ったもので、言《ことば》によらずに成ったものは何一つなかった」と書いてあります。み言葉の威力を示します。

しかし、「終わりの日が来る」と言いながら、なかなか来ないではないか。それに対して「不信心な者たちが裁かれて滅ぼされる日まで、そのままにしておかれるのです」と書かれています。

いま、この世界では貧富の差が激しく、弱い者はいじめられ、苦しい状況におかれています。こんな世の中でいいのか、と思わざるを得ませんが、神さまは故意に無視しておられるのではありません。見守っておられます。次のところが大事です。

「愛する人たち、このことだけは忘れないでほしい。主のもとでは、一日は千年のようで、千年は一日のようです。」（3章8節）

神のお考えと人の考えとは、まったく基準が違うということです。そして、「主のもとでは、一日は千年のようで」というのは二つの意味があります。ひとつは、一日と千年という対比を用いて、まったく基準が違う、ということ。もう一つの意味は、一日が千年、たった一つのことが、神さまの目には大きな貴重なものとして扱われているということです。千年を文字通り計算すると、三十六万五千日余りです。私たちに一日が、神さまの目にはそのようにして見ていらっしゃる、と思うと、私たち一人一人も、神さまはそういう価値あるものとしてご覧になっていらっしゃると受け止めることもできます。

そのように、神さまの思いと人の思いとは全く次元が違います。そのことをよく表しているのがイザヤ書55章8〜9節です。

わたしの思いは、あなたたちの思いと異なり
わたしの道はあなたたちの道と異なると
　　主は言われる。
天が地を高く超えているように
わたしの道は、あなたたちの道を
わたしの思いは

あなたたちの思いを、高く超えている。

神さまはこのように、この世界、この宇宙を、また私たちの人生を見ておられます。そして、終わりの日については、神さまご自身だけがご存知です。イエスさまは「その日、その時は、だれも知らない。天使たちも子も知らない。ただ、父だけがご存じである」（マタイ24・36）と述べておられます。

終わりの日は必ず来る。ですから私たちは、聖餐式のときに「マラナタ、主よ来たりませ」と賛美し、再臨の主を待望するのです。代々の教会もその歌を歌いながら、主がおいでになるのを待ち望んできています。

ところで、その終末と再臨をどのように受け止めるべきでしょうか。私は若いときには、終末や主の再臨については非現実的な事柄として、なかなか受け止めることができませんでした。ではどうして伝道者になったのか。イエス・キリストの贖いの恵み、無条件で無償で赦してくださった、あの十字架の愛がわかったときに、本当に感謝感激して、これで十分だと思ってしまったのです。そして、この愛を人々に伝えたい。この赦されている愛。包み込まれ救われている恵みを人々に伝えたい。それで十分だと思ってしまいました。神学生時代には、「我々の体のよみがえりもあるのです」という説教を聴くと、「あの先生はお年を召しているからあのように死後のことをお話しになるのかな」などと第三者的に考えていました。けれどもそうではないのです。キリストを知れば知るほど、使徒信条の一項目一項目の重要さが分かってきました。

アライアンス教団の信仰も「イエス・キリストはわたしたちの救い主、潔め主、癒し主、そして再臨の主」と告白しています。自分に欠けているのは「再臨の主」を信じることでした。「かしこより来たりて生ける者と死ねる者とを審き給わん」という使徒信条を告白しているにもかかわらず、それを現実のこととして受けとめられない自分の「欠け」というものをずっと思いながらいたのです。ところが、日本ホーリネス教団創設者中田重治の孫の辻宣道と結婚することにより、毎回彼の礼拝説教を聴きながら、み言葉と聖霊に導かれました。キリストを知れば知るほど、使徒信条の一項目一項目が大事であり、終わりの日に主がおいでになるということが、なんと勝利に導かれる堅固な信仰であることを深く思うようになりました。

終末がいま遅れているということは、神の忍耐による、ということを最後にお話ししたいと思います。3章9節「ある人たちは、遅いと考えているようですが、主は約束の実現を遅らせておられるのではありません。そうではなく、一人も滅びないで皆が悔い改めるようにあなたがたのために忍耐しておられるのです。」今日の重要なみ言葉はここです。

今年の千葉キリスト教会の年間目標の聖句は「み言葉を宣べ伝えなさい。折がよくても悪くても励みなさい」です。神さまの忍耐の中で、私たちは先に導かれ、イエス・キリストの恵みにあずかることができました。今や、自分の家族、自分の愛する者たちのために、本当に忍耐をもって祈り続けることを私たちは求められています。どんなときにも忍耐して祈り続けるときに、私たちはチャンスを与えられます。また神さまは、私たちが一人も滅びないで悔い改めるように待っておられます。「悔い改める」というのは神さまの方に方向転換することです。自分のことばかり考えていたものが、神さまの方に方向を変えて生きることとです。神さまのみ言葉は必ず成就いたします。真実です。それを信じていくことです。

今や神の忍耐の中にあることを覚えて、再臨の主を待ち望みつつ宣教にひとしお励みたいと思います。

（二〇一七年一月一五日　日本アライアンス教団千葉キリスト教会礼拝説教）

俳句

元旦や光る厨にすくと立ち
卒業式嬰児が今や牧師さん
ロバの背の十字の模様受難節
春特伝携帯電話ピロと鳴る
みちのくへ続く大空牡丹の芽
きわみまで優しき藍よ春の海

睡蓮と動物ねむる青い園

戦争と平和変らぬ五月富士

風立ちぬくるみ柚餅子の父の里

わが脳の画面しみじみ石榴の実

踏み出してどこまで枯野エディットピアフ

杉山をふわり持ち上げ芒原

熟れ頃のメロンの網目町暮し

みちのくや慟哭のごと寒波きて

夕暮れのムンクの不安みちのく秋

星冴えてチェロの余韻の中にいる

九条こそ世の至宝なれ梅真白

よみがえる賢治の言葉蜆汁

花の冷えゆっくり曲る盲導犬

百歳の筆致のたしか春に入る

梅雨明ける安保法案もやもやと

葉牡丹の渦傷心をその奥に

地下迷路アリスの不思議辿る夏

いつ動くはしびろこうの春の昼

晩夏光射下ろす街をデモの波
山門過ぎそして唐門漱石忌
てふてふの白の輝きユモレスク
春分過ぎ更に加速の八十路かな
戦中を真赤に抜けて夾竹桃
大夕焼いのちと核の地球星

嬰児期の我知る人ひとり青山河

「継続は力」尺蠖をじっと見る

辻　哲子　年譜

一九三〇年七月九日　佐野源一郎（一関・奥沢・水沢・下田教会牧師歴任）とコトの三女として東京・目黒に生まれる。その九月献堂した奥沢教会に移る
一九四五年四月　母の郷里である岩手県水沢に疎開。岩手県立水沢高等女学校に転校
同年五月二五日　空襲にて奥沢教会全焼。家族一同岩手県胆沢郡若柳に疎開
一九四六年十一月　父が水沢教会牧師に就任
一九四七年二月二日　水沢教会にて受洗
一九四八年四月　友人に伝道するため献身。「神を愛し人を愛し土を愛す」をモットーとする聖書農学園（現・千葉英和）神学部に入学。辻 宣道に出会う
一九四九年四月　東京神学大学に編入。柏木教会に転会。植村 環、斎藤達也両牧師の指導を受ける。木岡英三郎氏にオルガン師事

辻　哲子　年譜

一九五三年三月　東京神学大学卒業
一九五三年九月二五日　辻 宣道（焼津教会牧師）と結婚。静岡県焼津市に転居
同年十月　日本基督教団補教師になる。私立焼津保育園に勤務。保育士資格を取得
一九五四年四月　静岡草深教会伝道師に就任。静岡市に転居
一九五五年三月二六日　長女ゆりか誕生
一九五七年十月二日　次女ともえ誕生
一九五九年四月　静岡英和女学院の聖書科の講師一年勤務。翌年から宣道が勤続七年
一九六四年十二月　日本基督教団正教師試験に合格し按手礼を受ける。静岡草深教会副牧師に就任
一九七〇年八月二日　父　佐野源一郎死去
一九七七年六月　静岡市がはじめた短期里親制度に申請し認可を受け里子を預かる
中学三年から結婚まで居た里子は教会員になる
一九七九年六月　全国教会婦人会連合中央委員長（第六、七期）に選ばれる
一九八二年三月　ゆりかが山中正雄（日本アライアンス教団牧師）と結婚。二年後千葉市稲毛東にて開拓伝道を開始し現在に至る

一九八六年十月二七日　母コト死去
一九八七年五月四日　ともえが篠原忠雄（新津田沼教会）と結婚。稲毛区小仲台に住む
一九八八年十一月　宣道は日本基督教団総会議長に選ばれ二期四年つとめる
出張中の主日礼拝、祈祷会、諸集会を担当する
一九九四年五月『差別をめぐって人間を考える』（共著）を新教出版社より出版
同年六月　静岡草深教会新会堂上棟式
同年七月二五日　宣道　一年前の右顎下腺癌が胸椎と肺転移により死去。六三歳七カ月
同年七月三〇日遺言通り仮礼拝所（静岡友の家）で記念礼拝。説教吉田満穂牧師
同年九月一八日　静岡草深教会主任担任教師就任式を行う。一二七名出席
一九九五年一月二九日　新会堂献堂感謝式。『ピスガに立ちて』『献堂のしおり』刊行
同年四月『牧師・辻宣道』を刊行
一九九六年四月　金岡秀樹伝道師を招聘し新しい伝道体制の中で教勢は伸び、主任は全体教会に仕える。礼拝出席一三五名、夕拝一六名、祈祷会六五名
一九九八年一月　辻　宣道著『教会が強くなるため』『もうひとことだけ』を日本キリスト教団出版局より出版

二〇〇一年三月二五日　静岡草深教会を辞任し隠退。『静岡草深教会と私』静岡草深教会編
――辻 哲子牧師退任を記念して――発行。千葉市稲毛に住む次女と同じマンションに転居。
夕食を共にする毎日となる
同年四月より　ゆりかの夫・山中正雄牧師が開拓伝道した日本アライアンス教団千葉キリスト
教会に娘たち孫たちと出席する
同年六月より二〇〇九年四月まで　全国教会婦人会連合、婦人献身者ホーム「にじのいえ」現
地担当委員となり毎月二回主日礼拝と土曜こども聖書会を担当
二〇〇一年十一月『希望の旅路』（共著）を日本キリスト教団出版局より出版
二〇〇九年十一月八日　孫の篠原糧子が受洗。宣道の祖父中田重治の母千代から数えてクリス
チャン六代目になる
二〇一三年四月　ＤＶＤ『日本の説教者』（キリスト新聞社）第一巻に収録される

あとがき

隠退後も、私は身に余る恵みを頂いて過ごし、近く米寿を迎えようとしております。自分の著書が出版されるとは夢にも思いませんでした。「瓢箪《ひょうたん》から駒《こま》が出る」とはこのことなのでしょうか。はじめは教会内に配布する小冊子を役員会では考えていたようでした。しかし思いがけないことに発展しました。

亡き夫・辻宣道は「仕事を依頼されたら極力断らないように。主の御用なのだから」と私を押し出してくれましたので、今回もその言葉を受けとめた次第です。

ところで何を出版すべきかを考えますと迷いました。しかしすでに執筆した『信徒の友』

の「命のある限り恵みと慈しみはいつもわたしを追う——高齢者の生きがいを求めて」シリーズ（二〇〇九年四月～二〇一〇年三月）と、「聖書は人間の死に対してどのように教えているか」（一九八八年十一月号）。また『アレテイア』の「聖書的説教を志向しながら」（一九九六年第十四号）を多くの方に読んで頂きたいと思いました。

いずれも日本キリスト教団出版局の出版によるものです。ご厚意により纏めて掲載できることを嬉しく思います。

説教と講演は、日本アライアンス教団千葉キリスト教会員の金森美智子さんが、テープ起こしをし、パソコンに打ち込んでくださり編集実務すべてを奉仕してくださいました。心から有難く感謝いたします。

本書から聖書が迫るみ言葉の威力をどれだけ伝えられているか、畏れをもちますが、主なる神の御業が仰がれますように祈ってやみません。

末尾にある俳句は、喜寿の折に紙と鉛筆さえあればできる趣味として始めたものでした。しかし奥が深く、自らの感性と知識の無さに打ちのめされながら、全く新しい未知の世界に飛び込んでおります。拙句ばかりですが、厚顔無恥を自覚しながら掲載しました。

本書を出版するに当りしみじみと、よき師　よき友　よき教会　よき家族　親戚……溢るる恩恵の中におることを思わざるを得ません。

最後に多くの労苦をとってくださった株式会社ヨベルの安田正人様　千葉キリスト教会の山中正雄牧師　役員　教会員に心から御礼を申し上げたく思います。ありがとうございました。

辻　哲子

二〇一八年　春

初出誌一覧（すべて日本キリスト教団出版局刊行。本書に収めるにあたり、著者が加筆修正しました。）

命のある限り、恵みと慈しみはいつもわたしを追う――高齢者の生きがいを求めて
『信徒の友』二〇〇九年四月より二〇一〇年三月まで連載

聖書は 人間の死についてどのように教えているか
『信徒の友』一九八八年十一月号

聖書的説教を志向しながら
『アレテイア』第十四号（一九九六年）

古きは過ぎ去り、見よ、新しく
「希望の旅路――聖書に聴く『老い』」単行本（共著、二〇〇一年）

み言葉に生かされ

2018 年 3 月 1 日 初版発行
2018 年 9 月 1 日 再版発行

著 者── 辻 哲子

発行 ── 日本アライアンス教団 千葉キリスト教会

発売 ── 株式会社 ヨベル YOBEL, Inc.
〒 113-0033 東京都文京区本郷 4-1-1 菊花ビル 5F
TEL03-3818-4851 FAX03-3818-4858
e-mail : info@yobel.co.jp

印刷 ── 中央精版印刷株式会社

配給元─日本キリスト教書販売株式会社（日キ販）
〒 162 - 0814 東京都新宿区新小川町 9 -1
振替 00130-3-60976 Tel 03-3260-5670

ISBN978-4-907486-59-4 C0016